KB190176

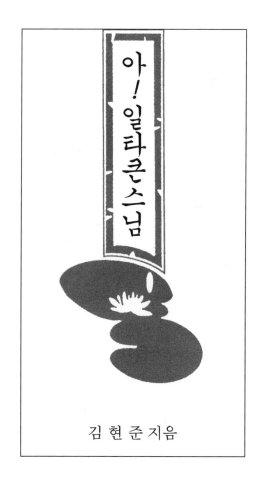

아! 일타큰스님

김현준 지음

❀효림

아! 일타큰스님

초판   1쇄 펴낸날   2001년   8월   1일
        5쇄 펴낸날   2011년   6월 10일

지은이   일타큰스님
펴낸이   김현준
펴낸곳   도서출판 효림

등 록   1992년 1월 13일 (제 2-1305호)
주 소   서울시 서초구 서초동 1589-5 센츄리 I 907호
전 화   (02)582-6612, 587-6612
팩 스   (02)586-9078
이메일   hyorim@nate.com

값 7,000원

ⓒ 도서출판 효림 2001
ISBN   978-89-85295-24-6   03220

序

아! 일타큰스님.

보잘것 없는 내가 너무나 큰 자취를 남기신 동곡일타(東谷
日陀) 큰스님의 일대기를 쓴다는 것 자체부터가 주제넘고 두
렵기 그지없는 일이었다. 그러나 살아 생전의 큰스님께서는
당신께서 열반에 드신 후 엉뚱한 일대기가 나올까 우려하여
서인지, 가끔씩 가족 출가기와 일대기에 대해 자세히 말씀을
해주셨다.

그리고, "내가 죽고 나면 우리 집안 출가기와 나의 일대기
는 현준이가 써주겠지"라는 말씀을 여러 차례 하셨다. 아! 큰
스님께서 가신 지금, 능력은 미력하나마 그 약속을 지키지 않
을 수 없어 감히 필을 들었다.

큰스님의 생애는 그 어떠한 가르침보다 소중한 법문이다.
전가족의 출가에서부터 스님의 수행과 중생교화, 그리고 마
지막 회향에 이르기까지 우리를 깨우치는 이야기로 가득하기
에, 용기를 내어 큰스님의 일대기를 엮어 본 것이다. 큰스님
의 가르침과 깊은 뜻을 기리며….

이 책은 지난 2000년 1월부터 12월까지 월간 『법공양』에

4

1년 동안 연재하였던 글을 일부만 수정하여 세상에 내어놓은 것이다. 처음의 생각은 연재하지 못한 많은 이야기들을 보충한 다음에 단행본으로 엮고자 하였었다. 그런데 많은 분들이 빨리 발간할 것을 권하여, 《아! 일타큰스님》 이라는 제목으로 세상에 내어 놓게 되었다.

　실로 일타큰스님의 참모습을 알게함에 있어 이 책은 부족하기 짝이 없는 것이다. 그러나 스님의 삶과 수행을 통하여 많은 이들의 발심과 정진에 조그마한 보탬이 되었으면 하는 그 마음 하나로 모든 부끄러움을 지워버렸다.

　부디 이 글을 읽는 이들이 일타큰스님의 진솔한 삶을 마음에 담아 크게 발심하고 잘 정진하게 되기를 진심으로 축원드린다.

불기 2545년 6월
金 鉉 埈 합장

제1장 일타큰스님 가족 출가기

가족 41명 모두가 부처님의 품으로

공부 잘 한 스님의 가족들

차례 ....

아! 일타큰스님

제1장
*
일타큰스님의 가족 출가기

가족 41명 모두가 부처님의 품으로

동곡일타(東谷日陀) 큰스님.

현재 우리나라 불자들은 '일타큰스님'을 모르는 이가 거의 없다. 대한불교조계종 전계대화상을 지낸 대율사(大律師)요, 자유 자재한 언설변재(言說辯才)로 듣는 이의 마음에 깨달음의 씨를 심어주셨던 대법사(大法師)였으며, 젊은 시절 태백산 깊은 골에 숨어들어 6년 동안의 수선정진으로 깨달음을 이루신 대선사(大禪師)이기 때문이다.

나아가 스님을 진정으로 존경하고 따르는 이들은 스님을 일컬어 '자비보살'이라 칭하였다. 가슴에는 태양을, 입가에는 언제나 미소를 띠우고 찾아오는 이들에게 희망과 용기와 기쁨을 주셨기 때문이다. 또한 스님은 십여 종이 넘는 주옥같은 저술로써 뭇 불자들의 마음을 밝혀주신 타고난 문장가이기도 하셨다.

하지만 큰스님 친가·외가 전가족 41명이 모두 출가하여

부처님 될 종자를 심었다는 경이로운 사실을 자세히 아는 이
는 드물다. 이는 부처님 열반 이후 한 집안의 출가 기록으로
는 단연 최고이다. 그야말로『기네스북』에 오를 만한 사실이다.

 일타큰스님 가족·친척은 어떻게 이토록 지중한 불연(佛
緣)을 맺을 수 있었던가? 그 연원은 스님의 외증조할머니의
죽음에서부터 시작된다.(註:이 글에서의 모든 가족·친족 호칭
은 일타스님을 기준으로 삼아 붙이기로 한다.)

외증조할머니의 기도와 방광

 스님의 외증조할머니는 안성이씨(安城李氏)요, 불명은 평등
월(平等月)이시다. 평등월보살은 10대의 꽃다운 나이에 우리
나라 제일의 양반으로 치던 광산김씨(光山金氏) 집안으로 시
집을 갔다. 그녀는 남편 김영인(金永仁)의 아낌없는 사랑 속
에서 삼형제를 낳아 기르며, 학식있는 양반집 안방마님으로
부족함 없이 살았다.

 그런데 나이 60이 조금 지났을 때 갑자기 불행이 닥쳐왔다.
남편이 남의 빚보증을 섰다가 대부분의 재산을 날려버렸고,
연이어 시름시름 앓던 남편은 끝내 저 세상 사람이 되어버린
것이다.

 평등월보살이 실의(失意)에 잠겨 헤어나지 못하고 있자, 이
미 장성하여 가정을 꾸리고 있던 만수(萬洙)·완수(完洙)·은
수(恩洙) 세 아들은 머리를 맞대고 상의하였다.

"이제 시대는 바뀌었다. 우리 또한 양반이라고 마냥 이렇게 만 살 것이 아니다. 노력하여 돈을 벌어야 한다."

이렇게 결의한 세 아들은 어머니께 아뢰었다.

"어머니께서는 조금도 염려 마십시오. 이제부터 저희들이 집안을 꾸려 어머니를 편안하게 모시겠습니다."

그리고는 남은 재산을 모두 처분하여 목화를 솜으로 만드 는 솜틀기계 한 대를 일본에서 구입하였다. 기계를 발로 밟으 면서 목화를 집어넣으면, 껍질은 껍질대로 씨는 씨대로 나오 고, 솜은 잘 타져서 이불짝처럼 빠져나오는, 당시로서는 최신 식 기계였다.

이렇게 공주 시내 한복판의 시장에다 솜틀공장을 차린 3형 제는 작업복을 입고 하루 8시간씩 3교대로 직접 솜틀기계를 돌렸다. 기계는 24시간 멈출 때가 없었다. 공주 사람들은 그 솜틀기계 돌아가는 소리를 듣고 "공주도 이제 개명을 하는구 나" 하면서 '공주개명(公州開明)! 공주개명!'을 외쳤다.

마침내 공주 주변에서 생산되는 목화는 모두 이 공장으로 들어왔고, 산더미같이 쌓인 목화가 솜이 되어 나오는 양이 많 아지면 많아질수록 집안에는 돈이 쌓여만 갔다.

월말이 되면 세 형제는 한 달 동안 번 돈을 나누었다. 그런 데 세 몫이 아니라 네 몫으로 나누었다. 남는 한 몫은 누구의 것이었는가? 바로 어머니 평등월 보살의 것이었다.

하지만 그 돈을 어머니께 직접 드리지는 않았다. 어머니께

14

서 한 달 동안 '3형제 중 누구 집에 며칠을 계셨느냐' 에 따라 그 집에 직접 분배를 하였다. 가령 큰아들의 집에 보름을 계셨으면 어머니 몫의 반을 큰아들 집에, 막내아들 집에 열흘을 세셨으면 3분의 1을 막내아들 집에 주었다.

이렇게 하니 며느리들은 서로 시어머니를 잘 모시기 위해 갖은 정성을 다 기울였다. 집집마다 어머니 방을 따로 마련하여 항상 깨끗하게 꾸며 놓았고, 좋은 옷에 맛있는 음식으로 최고의 호강을 시켜 드렸다. 때때로 절에 가신다고 하면 서로 시주할 돈을 마련해 주는 것은 물론이었다.

마침내 이 집안은 공주 제일의 효자 집안으로 소문이 났고, 벌어들인 돈으로는 논 백 마지기를 다시 사들이기까지 하였다. 평등월보살은 신이 났다. 그렇게 행복할 수가 없었다.

이렇게 매일매일을 평안함과 기쁨 속에서 지내던 할머니가 막내아들 집에 가 있던 어느 날, 한 비구니 스님이 탁발을 하러 오셨고, 그 스님을 보자 할머니는 눈앞이 밝아지는 듯하였다.

'아! 어쩌면 저렇게도 잘생겼을까? 마치 관세음보살님 같구나.'

크게 반한 할머니는 집안에서 가장 큰 바구니에다 쌀을 가득 퍼서 스님의 걸망에 부어 드렸다. 그때까지 비구니 스님은 할머니를 조용히 보고만 계시다가 불쑥 말을 걸었다.

"할머니! 요즘 세상 사는 재미가 아주 좋으신가 보지요?"

"아, 좋다마다요. 우리 아들 3형제가 모두 효자라서 얼마나 잘해 주는지…. 스님, 제 말 좀 들어보실래요?"

할머니는 신이 나서 아들 자랑을 시작하였고, 며느리 자랑, 손자 자랑까지 일사천리로 늘어놓았다. 마침내 할머니의 자랑은 끝에 이르렀고, 장시간 묵묵히 듣고만 있던 스님은 힘주어 말씀하셨다.

"할머니, 그렇게 세상 일에 애착을 많이 가지면 죽어서 업(業)이 됩니다."

"업?"

충청도 사람들은 '죽어서 업이 된다'고 하면 구렁이가 된다는 것으로 알고 있다. 죽어서 큰 구렁이가 되어 고방(庫房) 안의 쌀독을 칭칭 감고 있는 업! 할머니는 그 '업'이라는 말을 듣자마자 머리카락이 하늘로 치솟는 것 같았다.

"아이구, 스님! 어떻게 하면 업이 되지 않겠습니까?"

"벌써 업이 다 되어 가는데 뭐…. 지금 와서 나에게 물은들 뭐하겠소?"

스님은 바랑을 짊어지고 돌아서서 가버렸다. 그러나 할머니는 포기할 수가 없었다. '업만은 면해야 한다'는 일념으로 5리, 10리길을 쫓아가면서 스님께 사정을 했다.

"스님, 제발 하룻밤만 저희 집에 머무르시면서 업을 면할 수 있는 방법을 가르쳐 주십시오. 스님, 제발 저 좀 살려 주십시오."

간청에 못 이겨 다시 집으로 온 스님은 할머니가 이끄는 대

16

로 방으로 들어갔다. 그러나 스님은 윗목에서 벽을 향해 앉아 말 한 마디 없이 밤을 새웠고, 할머니 역시 스님의 등 뒤에 앉아 속으로만 기원을 하고 있었다.

'제발 업이 되지 않는 방법을 일러주십시오. 제발⋯.'

마침내 날이 밝아오기 시작하자 스님은 할머니 쪽으로 돌아앉았다.

"정말 업이 되기 싫소?"

"아이구, 제가 업이 되어서야 되겠습니까? 안 됩니다, 스님. 절대로 안 됩니다. 인도환생(人道還生) 하든지 극락세계에 가도록 해주십시오."

"정말 업이 되기 싫고 극락에 가기를 원하면 오늘부터 행실을 바꾸어야 하오."

"어떻게 해야 합니까?"

"오늘부터 발은 절대로 이 집 밖으로 나가지 않도록 하고, 입으로는 '나무아미타불'만 부를 것이며, 일심으로 아미타불을 친견하여 극락에 가기만을 기원하시오."

스님의 '집 밖으로 나가지 말라'는 말씀은 몸 단속을 하라는 것이고, '나무아미타불을 불러라'는 것은 입 단속, '일심으로 극락왕생할 것을 기원하라'는 것은 생각 단속을 하라는 것이었다. 곧 몸[身]과 입[口]과 생각[意]의 삼업(三業)이 하나가 되게 염불할 것을 가르쳐 준 것이다. 그러나 할머니는 쉽게 이해가 되지 않았다.

"스님, 다시 한번 자세히 일러주십시오."

"보살님 나이가 일흔이 다 되었는데, 앞으로 살면 얼마나 살겠소? 돌아가실 날까지 '나무아미타불'을 열심히 부르면 업 같은 것은 십만 팔천 리 밖으로 도망가 버리고, 극락세계에 갈 수 있게 됩니다. 그러니 오늘부터는 첫째나 둘째 아들 집에도 가지 말고, 이웃집에도 놀러가지 마십시오. 찾아오는 사람에게 집안 자랑 하지도 말고, 오직 이 집에서 이 방을 차지하고 앉아 죽을 주면 죽을 먹고 밥을 주면 밥을 먹으면서 '나무아미타불'만 외우십시오. 그리고 생각으로는 극락 가기를 발원하십시오. 그렇게 하겠습니까?"

"꼭 그렇게 하겠습니다."

할머니는 다짐을 하면서 큰절을 올렸고, 스님은 옆에 놓아두었던 삿갓을 들고 일어서서 벽에다 건 다음 슬며시 방문을 열고 나갔다. 걸망도 그대로 둔 채….

'변소에 가시나 보다.'

그러나 한번 나간 스님은 영영 돌아올 줄을 몰랐다. 사람을 풀어 온 동네를 찾아보게 하였으나 '보았다'는 사람조차 없었다.

'아! 그분은 문수보살님이 틀림없다. 문수보살님께서 나를 발심시키기 위해 오신 것이 분명하다.'

생각이 여기에 미치자 더욱 발심(發心)이 되었다. 할머니는 방의 가장 좋은 위치에 스님의 삿갓과 걸망을 걸어 놓고, 아침에 눈만 뜨면 몇 차례 절을 올린 다음 '나무아미타불' 을 부르기 시작하였다. 집안 일에는 일체 간섭하지 않고 10년 가까이를 스님이 시킨 대로 하루 종일 '나무아미타불' 을 불렀다. 그러던 어느 날, 할머니는 앞일을 내다보는 신통력(神通力)이 생겼다.

"어멈아! 오늘 손님이 다섯 온다. 밥 다섯 그릇 더 준비해라."

과연 끼니 때가 되자 손님 다섯 사람이 찾아오는 것이었다. 또 하루는 막내아들을 불러 각별히 당부하였다.

"애야, 너희들 공장에 화기(火氣)가 미치고 있다. 오늘은 기계를 돌리지 말고 물을 많이 준비해 놓아라. 위험하다."

그 말씀대로 세 아들은 아침부터 솜틀기계를 멈추고 물통 준비와 인화물질 제거에 신경을 썼다. 그런데 오후가 되자 바로 옆집에서 불길이 치솟는 것이었다. 그들은 서둘러 옆집 불을 껐다. 만약 목화솜에 불이 옮겨 붙었다면 솜틀공장은 삽시간에 잿더미로 변하였을 것인데, 할머니의 예언으로 조금도 손상을 입지 않았을 뿐 아니라, 이웃집의 피해까지 줄일 수 있었던 것이다.

마침내 주위에서는 외증조할머니를 일컬어 '생불(生佛)'이라고 부르기까지 하였다. 그런데 어찌된 일인지, 어느 날부터인가 외증조할머니가 '나무아미타불' 을 부르지 않고 '문수보살' 을 찾는 것이었다. 갑작스런 변화를 걱정한 아들 삼형제는 인근 마곡사의 태허(太虛：鏡虛대선사의 사형) 스님을 찾아가 상의하였다.

"문수보살을 부르는 것도 좋지만, 10년 동안이나 아미타불을 불렀으면 끝까지 아미타불을 부르는 것이 좋다. 그리고 앞일을 자꾸 예언하다 보면 자칫 마섭(魔攝)이 될 수도 있다. 내가 '상방대광명(常放大光明)'이라는 글을 써 줄테니 벽에 붙여 놓고 '나무아미타불'을 항상 부르도록 말씀드려라."

常放大光明! 언제나 대광명을 뿜어낸다는 이 글을 보면서 할머니는 다시 '나무아미타불'을 열심히 불렀다. 그리고 앞일에 대한 말씀도 하지 않으셨다. 이렇게 부지런히 염불기도를 하다가 외증조할머니는 88세의 나이로 입적(入寂)하셨다.

그런데 그때야말로 큰 기적이 일어났다. 7일장(七日葬)을 지내는 동안 매일같이 방광(放光)을 하는 것이었다. 낮에는 햇빛에 가려 잘 보이지 않았으나, 밤만 되면 그 빛을 본 사람들이 '불이 났다'며 물통을 들고 달려오기를 매일 같이 하였다. 그리고 문상객으로 붐비는 집안 역시 불을 켜지 않아도 대낮같이 밝았다.

상방대광명(常放大光明)!

그야말로 외증조할머니는 염불기도를 통하여 상방대광명을 이루었고, 그 기적을 직접 체험한 가족들은 그뒤 차례로 출가를 하여, 일타스님 집안의 친가·외가 식구 41인이 모두 승려가 되었다.

이어지는 외가의 출가

외증조할머니의 장례를 마친 일타스님의 외가 식구들은 그때까지 생각하던 불교에 대한 인식을 바꾸지 않을 수 없었다. 외증조할머니가 살아 있을 때에는 그저 노인장이 삶의 끝에서 자신을 위안하기 위해 염불을 하는 줄 알았는데, 눈앞에서 7일 방광의 이변이 일어나자 절실한 신심으로 변한 것이다.

일타스님 집안 41인의 승려 중 가장 먼저 출가를 한 분은 스님의 큰외삼촌인 **김학남**(金學南)으로, 일타스님 어머니인 성호(性浩) 비구니의 바로 밑 동생이시다.

큰외삼촌은 할머니 평등월 보살의 기이한 입적을 접하고 열심히 절에 다니다가, 23세의 나이로 1924년에 출가하였다. 처음 만공(滿空) 스님을 찾아가 머리를 깎아줄 것을 청하자, 만공스님은 사형 혜월(慧月) 스님의 제자가 될 것을 권하였다.

"나의 사형 중에는 혜월이라는 천진도인(天眞道人)이 한 분 계시지. 혜월 사형은 너무 천진무구하여 남의 스승이 된다는 것은 생각도 하지 않고 있다. 만약 내가 주선하지 않는다면 사형은 평생 제자를 못 들일거야. 네가 그분의 첫번째 제자가 되어 봄이 어떠하냐?"

이렇게 하여 큰외삼촌은 만공스님의 권유대로 혜월스님의 제자가 되어 **법안**(法眼)이라는 법명을 받았다.

이 집안에서 두 번째로 출가한 분은 일타스님의 외할아버지 **김만수**(金萬洙)로서, 어머니의 방광과 아들의 출가 이후 수

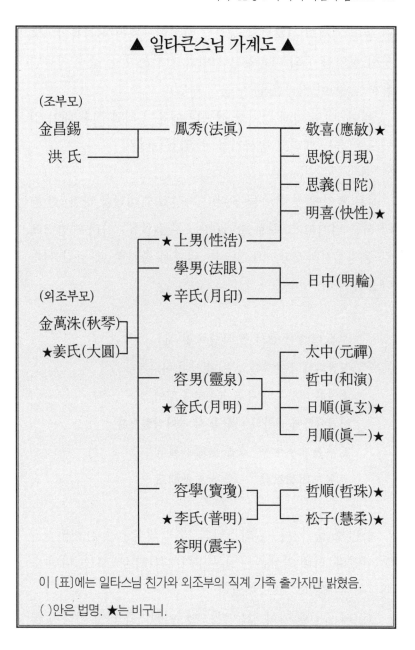

▲ 일타큰스님 가계도 ▲

(조부모)

金昌錫 ── 鳳秀(法眞) ── 敬喜(應敏)★
洪 氏 ── 思悅(月現)
思義(日陀)
明喜(快性)★

★上男(性浩)

學男(法眼)
★辛氏(月印) ── 日中(明輪)

(외조부모)

金萬洙(秋琴)
★姜氏(大圓)

容男(靈泉)
★金氏(月明) ── 太中(元禪)
哲中(和演)
日順(眞玄)★
月順(眞一)★

容學(寶瓊)
★李氏(普明) ── 哲順(哲珠)★
松子(慧柔)★

容明(震宇)

이 [표]에는 일타스님 친가와 외조부의 직계 가족 출가자만 밝혔음.

( )안은 법명. ★는 비구니.

년 동안 거사의 신분으로 금강산 마하연·지리산 칠불암·송
광사 삼일암 등의 이름있는 선방을 전전하다가, 셋째 아들인
용학(容學)이 장가를 들자 불러 물었다.

"애야, 너도 이제 장가를 갔으니 어른이 되었구나. 내가 없
어도 머슴들 데리고 농사지을 수 있겠느냐?"

"예."

젊은 혈기에 셋째 아들 용학이 자신있게 대답을 하자, 한 편
의 시를 남기고 그 길로 출가하여 '추금(秋琴)'이라는 법명으
로 용맹정진하였다. 1933년, 스님께서 출가할 때 남긴 시는
다음과 같다.

> 모든 일이 꿈 속의 꿈 아님이 없나니
> 모였다가 흩어지는 것은 내 것이 아니로다
> 홀연히 대장부의 푸른 눈동자를 열어
> 하루아침에 세간의 바람을 다 쓸어버렸도다
> 萬事無非夢中夢　聚散循環非我有
> 丈夫忽開碧眼請　一朝掃盡世間風

세 번째 출가자는 일타스님의 막내 외삼촌인 **김용명**(金容
明)이었다. 막내 외삼촌은 일본 명치대학(明治大學)을 다닌 수
재로서 온 집안의 희망이었다.

그런데 졸업을 얼마 앞둔 어느 날, 자전거를 타고 가다가 끊

어진 다리 아래로 떨어지고 말았다. 다행히 뒤따라오던 사람이 병원으로 옮겨 3일만에 의식을 되찾았고, 그때 병실에서 『불교성전』을 보다가 홍법대사의 '제행무상(諸行無常)'이라는 시를 읽고 발심하였다.

발심을 한 용명은 이미 승려가 되어 금강산에서 정진을 하고 있는 큰형 법안스님께 편지를 하였다.

"형님, 저도 출가할 뜻이 있으니 스승으로 모실만한 분을 추천해 주십시오."

이에 법안스님은 여러 가지 사정을 감안하여 '조선 7대강사' 중 한 분이셨던 윤고경(尹古鏡) 스님을 은사로 모시도록 하였다.

1938년 대학 졸업과 동시에 배를 타고 귀국한 용명은 고향집으로 가지 않고, 곧바로 양산 통도사로 가서 윤고경 대강백을 은사로 모시게 되었고 '진우(震宇)'라는 법명을 받았다.

하지만 막내 외삼촌인 진우스님은 은사이신 고경스님처럼 불경을 공부하는 데는 관심이 없었다. 오히려 진우스님은 참선을 하고 싶어했고, 하루라도 빨리 선방으로 가고자 하였다. 이에 고경스님은 조건을 제시했다.

"천수경을 완전히 외우면 선방에 보내주마."

머리가 남달리 좋았던 진우스님이 하루만에 천수경을 모두 외워버리자, 고경스님은 다시 금강경을 외울 것을 명하였다. 그러자 금강경도 3일만에 모두 외어버리는 것이었다. 하는 수

없이 고경스님은 상좌 진우를 통도사 백련암 선원으로 보내어 운봉(雲峰) 선사 밑에서 참선정진토록 하였고, 다달이 직접 쌀을 짊어지고 백련암으로 가서 상좌의 양식을 대어주었다. 이후 진우스님은 참선수좌로서 한평생을 보내게 된다.

막내 외삼촌 용명의 출가로 힘이 빠진 것은 셋째 외삼촌 김용학(金容學)이었다. 큰형은 승려요, 둘째형은 방랑자. 일년 내내 백 마지기가 넘는 넓은 땅을 농사지어 그 비싼 학비를 보내었건만, 믿었던 동생마저 중이 되었으니 참으로 허무하기 짝이 없었다.

"며칠 동안 바람 쐬고 오겠다."

가족들에게 이 한마디 말을 남기고 찾아간 곳은 큰형님 법안스님이 계신 해인사 백련암이었다. 그는 법안스님께 억지를 부렸다.

"혼자서 대가족 살림을 꾸려나가기가 힘이 드니 형님께서 하산하여 집안을 맡아주십시오."

그러나 법안스님은 동생의 말을 한쪽 귀로 흘리고 오히려 출가를 권유하였다.

"무엇하러 마을에서 농사를 짓고 사는가? 스님 되어 절에서 살아보게. 이 절이 바로 극락일세."

거듭되는 형님의 권유, 그리고 한 달 남짓 절에 머물다가 느낀 매력 때문에 셋째 외삼촌도 마침내 자운(慈雲) 스님을 은사로 모시고 출가하여 보경(寶璟)이라는 법명을 받았다.

이어지는 아들들의 출가로 집안에 여자와 아이들만 남게 되자, 크게 상심한 외할머니 강씨(姜氏)는 직접 백련암으로 향하였다. 그러나 결과는 마찬가지. 오히려 두 아들의 권유에 못 이겨 해인사에 눌러앉고 말았다.

"어머니도 여기 오신 김에 이 경치 좋은 곳에서 함께 사십시다. 농사 많이 지어도 보리밥을 먹어야 하는 마을집보다 매일 하얀 쌀밥을 먹는 이곳이 더 좋지 않습니까? 열심히 농사를 지어봐야 대부분 공출당해 버리니, 미련을 둘 것이 무엇입니까? 넷째 용명이도 중이 되었답니다. 대학 졸업하고 군수가 된 것이 아니라 스님이 되었답니다. 얼마나 좋았기에 군수를 마다하고 스님이 되었겠습니까?"

마지막으로 나선 사람은 수년 동안 만주로 러시아로 떠돌아다니다가 막 귀국한 일타스님의 둘째 외삼촌인 **김용남**(金容男, 법명 靈泉) 이었다.

"해인사만 가면 함흥차사가 아닌 '해인차사'가 되니, 도대체 어떻게 된 일인가? 내가 가서 백련암을 불태워 버리고라도 어머니와 형제들을 데려 오리라."

남은 가족들에게 다짐을 하며 집을 나선 천하한량 둘째 외삼촌이었지만 별 수가 없었다. 또 설득을 당하고 만 것이다. 그리고는 고향으로 돌아가 남은 가족들에게 선언하였다.

"요즘같이 험난한 세상에는 중이 되는 것이 최고로 좋습니다. 옛사람들이 무릉도원 찾아갔듯이 우리 모두 해인사로 떠납시다."

1940년, 마침내 외가의 모든 식구들은 전재산을 정리하고 해인사로 향하였다. 그때 법안스님의 장인·장모와 아들 둘도 함께 출가하였고, 집안을 돌보던 머슴들 가족 6명도 따라 출가함으로써, 일타스님의 외가쪽 35명은 모두 출가자의 길을 걷게 된 것이다.

일타스님 가족의 버리고 떠나기

일타스님의 생가 식구는 모두 6명이었다. 아버지 연안김씨 (延安金氏) 봉수(鳳秀)와 추금스님의 맏딸인 어머니 김상남 (金上男) 사이에서 경희(敬喜)·사열(思悅)·사의(思義)·명희(明喜)가 태어난 것이다.

스님의 친가에서 처음으로 출가한 사람은 맏딸인 경희였다. 1937년 공주여자사범학교를 졸업하고 일본으로 유학을 가고자 하였으나 어머니는 결혼할 것을 강요하셨다. 하지만 결혼보다는 공부가 더 하고 싶었던 경희는 외할아버지인 추금스님께 자문을 구하였다.

"그야, 스님이 되면 되지."

이 한 마디에 그날로 아무도 모르게 출가하여 금강산 법기암에서 대원(大願) 스님을 은사로 모시고 응민(應敏)이라는 법명을 받았다.

이듬해 누나 응민스님은 삭발하고 108염주를 목에 건 사진과 함께 한 통의 편지를 집으로 보내왔다.

한 생각에 검은 머리 한 다발 끊는 일 아까울 것 없나이다. 이 세
상 모든 것 다 버릴 것인데, 구할 것 많은 복잡한 세상으로부터 벗
어나 부처님의 세계에서 법의 꽃을 피우는 일은 진실로 그 가치가
무한합니다. 자타일시성불도(自他一時成佛道).

이후 응민스님은 만공큰스님 밑에서 '공부 잘 하는 수좌'
로 인정을 받았고, 1984년 열반에 들 때까지 선방수좌의 면
모와 여법한 승려 생활로, 한국 비구니계의 표상이 되셨다.

맏딸의 다음으로 출가한 분은 일타스님의 형인 사열(思悅),
곧 월현(月現) 스님이다.

공주고등보통학교에 입학하려다 실패를 한 사열은 어느 날
어머니와 말다툼을 벌였다.

"아휴, 우리 집이 조금만 더 잘 살았어도 내가 합격을 했을
텐데…."

"이놈아, 네가 공부를 안 해서 떨어져 놓고 왜 집안 핑계를
대느냐?"

"왜 내가 공부를 못했어요. 우리 집에서 내는 세금이 적으
니까 등록금을 못 낼까봐 떨어뜨린 거지."

그때 외할아버지이신 추금스님께서 잠시 들렀다가 그 대화
를 듣고 사열에게 말하였다.

"사열아, 해인사에 가면 팔만대장경이 있느니라. 그 대장경을 공부하면 풍운조화(風雲造化)를 마음대로 부릴 수 있고 모든 것을 네 뜻대로 할 수가 있다. 어찌 그까짓 고등보통학교에다 비교할 수 있겠느냐."

외할아버지의 한 말씀에 사열은 팔만대장경을 배운다며 해인사로 출가하였다.

맏딸과 맏아들이 출가하고 친정식구들 모두가 해인사로 들어가자 일타스님의 어머니 **김상남**(金上男, 법명 性浩)도 출가를 결심하였다. 하지만 아직 국민학교 5학년에 재학중인 사의(일타스님)가 걱정이었다. 1941년, 어머니는 아들이 학교를 마칠 때까지 필요한 모든 물건을 마련한 다음 막내딸 **명희**(快性스님)를 데리고 문경 윤필암으로 들어갔다.

그리고 일타스님이 1942년에 국민학교를 졸업하자 아버지 **김봉수**(金鳳秀, 법명 法眞)는 수덕사 만공선사를 찾아가 출가하였고, 일타스님은 외할아버지 추금스님의 손을 잡고 양산 통도사로 향하였다. 마침내 일타스님의 친가·외가 41명의 대가족이 모든 것을 버리고 떠난 것이다.

하지만 이 경이로운 숫자보다 더 중요한 것은 그분들 모두가 하나같이 '중노릇'을 아주 열심히 한 참된 수행자였다는 점이다. 이제 장을 바꾸어 이들 41명의 '버리고 떠난 이' 가운데 특별히 공부를 잘 하셨던 몇 분들에 대해 살펴보고자 한다.

공부 잘 한 스님의 가족들

　일타큰스님의 친가·외가 41명 가운데 특별히 공부를 잘 하셨던 외가 쪽 가족으로는 외할아버지와 네 분 외삼촌을 꼽을 수 있고, 친가 가족 여섯분 중에는 아버지·어머니·누나·형님 네 분을 들 수 있다.

　일타큰스님의 배경이 되기도 하는 이 분들에 대해, 큰스님께서는 살아 생전 특별히 나에게 이야기를 들려 주시면서, '기회가 있으면 글을 써보라'고 당부를 하셨다. 이제 외할아버지 추금스님부터 글을 엮어보고자 한다.

외할아버지 추금(秋琴) 스님

　1933년, 셋째 아들에게 집안 살림을 맡기고 56세의 '늦깍이'로 출가한 추금스님(속명 金萬洙, 1878~1947)은 금강산 마하연, 통도사 보광선원 등지에서 정진하였으며, 특히 해인사의 퇴설당선원에 오래 계셨다.

선방에 있기에는 너무 늙은 나이였으나, 참선에 뜻을 두었던 스님은 젊은 수좌들과 경쟁이나 하듯이 열심히 정진하였다.

'도로써 대접을 받아야지, 나이 먹은 것으로 대접을 받아서는 안 된다'

평소의 소신이 이러하셨던 스님은 쉬는 시간이나 울력을 할 때면 언제나 젊은 수좌들과 어울렸다. 그러나 젊은 수좌들은 노스님의 울력 참가를 안스럽게 여겨 자주 만류하였다.

"노스님, 힘드십니다. 제발 들어가서 쉬십시오."

"나도 대중 가운데 한 사람일세. 나이가 많다고 하여 빠져서야 되겠는가? 땀이 안 날 정도로 일을 할 테니 말리지 말게나."

그리고는 울력이 끝날 때까지 들어가 쉬는 법이 없었다.

60대 중반이 되었을 때 퇴설당선원에서 정진하던 스님은 홀연히 도를 깨달아, 밤이 새도록 오도송(悟道頌) 백여 장을 써서 전국의 선방스님들께 보냈다.

개에게는 불성이 무라 하신 조주스님의 무
이 무가 천억 사람을 모두 희롱하였도다
그 무의 무 없음을 알 것 같으면
유무무무무(有無無無無) 하리라
趙州無字無　弄盡千億人
識得無無無　有無無無無

추금스님처럼 스스로의 깨달은 경지를 시로 지어 전국의 선
방에 보내는 것을 불가에서는 '누설(漏說)'이라고 한다. 아직
은 완전함을 인정받지 못하여 샐〔漏〕 가능성이 많기 때문에
누설이라 하는 것이다. 그리고 선방의 조실스님들은 경지에
못미치는 누설이 도착하면, 신랄한 비판의 글로 답하여 더욱
정진하도록 유도하는 것이 선가(禪家)의 풍습이다. 그런데 추
금스님께서 '누설'을 돌리자 어느 선원에서도 '그릇되었다'
고 답하는 이가 없었다고 한다.

그 뒤 스님은 지금의 충남 금산의 대둔산에 있는 태고사(太
古寺)의 조실로 계시면서 참선납자들을 지도하다가, 나이 일
흔살이 되었을 때 이 세상과의 인연이 다하였음을 느끼고 스
스로 생각하였다.

'이 세상에 올 때는 남에게 의지하여 왔지만, 떠날 때는 남
의 신세를 지지 않고 홀로 감이 마땅하리라.'

그날부터 스님은 방선(放禪, 휴식시간)의 시간만 되면 산으
로 나무를 하러 가서, 장작을 마련하여 은밀한 곳에 모아두었
다. 그리고 장작이 필요한 만큼 모여진 어느 날, 스님은 공양
주를 불렀다.

"오늘은 나의 공양을 짓지 말아라."

"왜요? 스님."

"그냥 어디로 떠나려 한다. 아무에게도 말하지 말아라."

결제(結制) 중인데 '떠난다'는 것이 이상하였지만, 감히 조

실스님께 따질 수가 없어 말을 돌려 물었다.

"대중들이 찾으면 어떻게 대답할까요?"

"대중들이 찾거든 동쪽 하늘을 보라고 일러라."

스님은 아침 공양시간에 태고사를 빠져나가 미리 준비해 두었던 장작더미에 불을 붙이고 그 위에 앉아 자화장(自火葬)을 하였다. 공양 때 추금스님이 보이지 않음을 발견한 대중들이 공양 후 공양주의 말을 듣고 동쪽 하늘을 바라보았을 때, 태고산 중턱에는 연기가 무럭무럭 피어오르고 있었다.

대중들이 달려갔을 때 추금스님은 불꽃이 이글거리는 장작더미 위에 단정히 앉아 열반의 세계로 들어서고 있었으며, 옆의 나뭇가지에는 '자화장을 하는 것이니 방해하지 말라'는 글이 걸려 있었다. 대중들은 합장 배례하며 '나무아미타불'을 외웠고, 추금스님은 거센 불길과 하나가 되어 사라져 갔다.

이렇게 추금스님이 열반에 든 후, 스님의 유품을 정리하던 제자들은 스님께서 남긴 〈자화장송 自火葬頌〉을 발견하였다.

> 선자화상은 수장을 택하였으나
> 나는 도리어 화장을 택하노라
> 물과 불이 비록 서로 다른 듯하나
> 하나도 아니요 둘도 아니니라
> 까마귀와 까치는 서산에서 울고
> 서산에는 해가 기울고 있도다

이 몸은 본래의 나가 아니기에

때가 되어 이제 떠나는 것일세

가히 우습고 우습도다 대장부 남아여

이와 같이 나는 허깨비를 짓고 가노라

船子擇水葬　我還自火葬

水火雖相異　非一亦非二

鳥鵲啼西山　西山日欲斜

此身本非我　時至隨他去

可笑可笑丈夫兒

如是如是幻作麽

　이 게송 속의 '선자화상(船子和尙)'은 뱃사공 스님이라는 뜻이다. 이 스님은 당나라 약산유엄(藥山惟儼) 선사의 법맥을 이은 덕성(德誠) 선사로, 이름을 숨기고 양자강의 뱃사공 노릇을 하며 지냈다. 만년에 선회(善會) 선사에게 법을 전해 준 다음, 배를 뒤집어 엎고는 물 속에 깊이 잠겨 영원히 모습을 나타내지 않았다. 스스로 수장(水葬)을 한 것이다. 선자화상은 일찍이 말씀하셨다.

　"앉아서 죽고 서서 죽는 것이 수장을 하는 것만 못하다. 수장을 하면 나무도 절약되고 땅을 파야 할 일도 없도다."

　추금스님은 뱃사공 스님인 덕성선사의 수장에 비유하여 자화장의 임종게를 남긴 것이다.

34

조촐하고 내성적이면서도 한 번 결심한 일은 분명히 하셨던 추금스님. 일타스님은 외할아버지인 추금스님에 대해, '언제나 마음 속에 기억되는 참으로 훌륭하신 스님'이라는 말씀을 잊지 않으셨다.

큰외삼촌 법안(法眼) 스님

일타스님의 가족 중 가장 먼저 출가하여 혜월(慧月) 대선사의 맏상좌가 된 법안스님(속명 金學男, 1902~1955)은 1925년부터 오대산·금강산·천성산·지리산 등지의 이름 있는 고승들을 찾아다니며 열심히 참선정진을 하였다.

유유자적(悠悠自適)! 오직 바루 하나와 누더기 한 벌로 살면서 선방에만 다녔으니, 법안스님에게는 그 어떠한 것도 걸릴 것이 없었다. 어느 때는 천진난만한 무애(無碍)의 행을 거침없이 하였고, 어느 때는 시를 지으며 스스로의 경지를 점검하였다.

일천 봉우리 위의 한 칸 집이여
반 칸은 노승이 반 칸은 구름이 차지했구나
어느 때 서쪽 바람 불어 구름이 날아가면
하나뿐인 창으로 밝은 달이 찾아와 비추네
千峰頂上一間屋　半間老僧半間雲
有時西風雲飛去　一窓明月來相麽

이것은 스님이 금강산 토굴에서 지은 시이다. 이렇게 10여 년을 참선정진하며 지내던 법안스님은 35세가 넘자 해인사 백련암(白蓮庵)으로 들어가, 영구천(靈龜泉)이라는 조그마한 샘을 파고 깨달음에 이를 때까지 지장기도를 하리라 다짐하였다.

스님은 단순히 입으로만 지장보살을 부르는 것이 아니라, 지장보살과 하나가 되도록 마음을 모으고자 노력하였다. 처음에는 2시간씩 네 차례, 하루 8시간의 기도를 시작하였으나, 날이 갈수록 기도의 시간은 길어졌다.

"지장보살 지장보살 지장보살 지장보살……"

5년이 경과하자 삼매(三昧) 속에 빠져 들어 3~4일을 밥도 먹지 않고 대소변도 보지 않고, 마냥 서서 목탁을 두드리며 지장보살을 부를 때가 한두 번이 아니었다. 대중스님들은 '저토록 기도삼매에 자주 드는 것을 보니 머지 않아 깨달음을 이룰 것'이라며 칭송을 아끼지 않았다.

마침내 9년이 되었을 때, 법안스님은 말할 수 없는 희열을 느끼고 법당을 뛰쳐나오며 외쳤다.

"허공골(虛空骨)을 보았다! 허공의 뼈를 보았다!"

그리고는 짧은 오도송(悟道頌)을 지었다.

허공의 뼈 그 가운데에
상이 있는가 상이 없는가
상 속에는 부처가 없고

부처 속에는 상이 없도다

虛空骨中　有相無相

相中無佛　佛中無相

　　그때 백련암 스님들은 당시 법안스님의 기도성취를 축하하
면서 '영구천구년지장기도기념비(靈龜泉九年地藏祈禱紀念
碑)'를 세웠는데, 그 비석은 지금도 남아 있다.

　　이렇게 지장기도를 통하여 한 경지를 이룬 큰외삼촌 법안
스님은 걸림 없는 법문으로 대중들을 교화하면서 더욱 자재
롭게 살았다. 만년에는 동갑인 청담(靑潭) 스님과 깊이 교류
하였는데, 청담스님이 불교정화에 참여할 것을 권하자 말씀
하셨다.

　　"불교정화를 하려면 자기 정화부터 하여야지, 자기 정화하
지 않고 어떻게 남을 정화하겠나. 지금의 정화는 춤판과 같은
걸세. 춤판에 뛰어들 때는 신이 나지만, 뒤는 꼭 좋기만 한 것
이 아니지 않는가."

　　한평생 자기 정화를 하며 걸림없고 자재롭게 사셨던 법안
스님은 1955년 가을, 홀연히 도선사 석불 뒤의 바위에 앉아
아무도 모르게 입적하셨다. 법호는 '천봉(千峰)'이시며, 일타
스님은 큰외삼촌 법안스님에 대해 '그야말로 선사로 사셨던
분'이라 평하셨다.

둘째 외삼촌 영천(靈泉) 스님

영천스님(속명 金容男, 1908~1958)은 1940년 33세의 나이로 출가하여 만공대선사(滿空大禪師)의 제자가 되었다. 이 영천스님은 중노릇도 특이하였지만 세속에서도 남달리 살았던 분이시다.

7세 때의 여름날, 용남은 자기 집 참외밭으로 동네 아이들을 불러모아 참외를 수북히 따게 한 다음, '누가 빨리 많이 먹나' 내기를 하였다. 그리고는 참외밭 옆에 있는 냇가로 들어가 물놀이를 즐겼다.

삼복더위를 매일같이 이렇게 지내고 나자, 어린 용남에게는 해수병(咳嗽病)이 생겼다. 냉성(冷性)이 매우 강한 참외를 많이 먹은 데다, 몸을 차게 만드는 물놀이를 많이 하였기 때문에 생긴 고질병이었다. 용한 의사를 두루 찾아다니며 치료를 받았으나 차도가 전혀 없었고, 어디에서든 한번 콜록거리기 시작하면 십분이고 이십분이고 계속하였다.

기침 때문에 학교도 제대로 갈 수 없었으므로, 집안에서는 용남을 보통 아이들과는 달리 키울 수밖에 없었다. 하지만 머리가 남달리 좋았던 용남이었기에, 생존의 길을 스스로 터득하며 성장하였다. 일본어뿐만이 아니라 당시 사람들이 등한시했던 영어·중국어도 스스로 익혔으며, 싸움질에 노름기술, 거기에다 멋까지 한껏 부렸다.

외출을 할 때는 금테안경에 명주 바지저고리와 비단 조끼,

제일 좋다는 시키시마 담배에 최고급 깃또부츠 구두를 신고
다녔으며, 노름판에 가면 어떤 사람이든 그에게 윗자리를 양
보하여 주었다. 그야말로 '한량(閑良)'으로 성장한 그의 주위
에는 주먹꾼들과 도움을 청하는 이들이 언제나 가득하였다.

그러나 이러한 용남이 출가하여 영천스님으로 이름을 바꾼
다음부터는 면모를 완전히 일신하였다. 그토록 빼입고 다니
던 멋쟁이 옷은 누덕누덕 기운 누더기 옷으로 바뀌었고, 주먹
꾼이나 이익을 도모하는 사람들 대신 부모없는 고아들을 거
두어들여 함께 살았다.

그러나 지병인 해수병으로 인해 선방 생활에는 문제가 매
우 많았다. 한번 시작하면 이삼십분씩 계속되는 기침소리가
다른 스님의 공부를 방해하였기에 대중선방보다는 후원방에
서 홀로 참선을 하였으며, '누워서 자면 기침이 터져 나온다'
고 하면서 언제나 앉아 밤을 새웠다. 저절로 장좌불와(長坐不
臥)가 된 것이다.

낮에는 청소를 하거나 농사일과 후원의 허드렛일을 거들며
화두를 들었고, 밤이 되면 홀로 정진하였으며, 때로는 '만행수
좌(萬行首座)'를 자처하면서 팔도강산을 떠돌며 수행하였다.

이렇게 5년 정도 수행하고 난 1945년, 대동아전쟁이 끝무
렵에 이르렀을 즈음이었다. 스님은 속리산 천황봉 바로 아래
의 경업대 토굴에 머물렀고, 그곳에서 솔잎으로 생식(生食)을
하며 지냈다. 때마침 여름 무더위가 시작되었는데도, 그날따

라 기침이 유난히 심하였다. 영천스님은 살아있는 것 자체가 그렇게 괴로울 수가 없었다.

'이런 몸으로 평생을 사느니, 여기서 도를 닦다가 죽으리라.'

결심을 한 스님은 토굴 쪽마루 위에 가부좌를 틀고 앉았다. 그런데 산 아래 저멀리에 넓게 펼쳐진 '한밭들'로부터 주먹처럼 생긴 검은 구름이 급속도로 다가오더니, 5리 정도 앞에 이르러 빛으로 변하면서 꽃망울이 터지듯이 쫙 펼쳐지는 것이었다. 그 순간 영천스님은 삼매(三昧)에 들었다.

삼매에서 깨어났을 때 스님의 앞에는 갖가지 음식물이 잔뜩 놓여 있었으며, 많은 사람들이 큰절을 올리고 있었다. 사연을 묻자 한 장정이 이야기하였다.

"저는 대동아전쟁의 징집을 피해 이 산중으로 들어 온 사람입니다. 스님께서 꿈쩍도 않고 앉아 계시는데 숨을 쉬는 것 같기도 하고 끊어진 듯도 하여 몸을 만져보았더니, 온기는 적었으나 굳지는 않았더이다. 바로 앞에서 떠들어도 미동조차 하지 않고, 며칠 동안 먹지도 눕지도 않고 같은 자세로 앉아 계시니, 생불(生佛)이 아니면 어찌 이와 같겠습니까? 그래서 공양을 올리고 예배를 드리며 저희들의 소원을 성취시켜 주실 것을 기원했습니다. 도인스님, 저희들을 굽어살펴 주십시오."

스님이 날짜를 확인해 보았더니 7일 동안 깊은 삼매에 들어 있었다. 그리고 7세 때부터 지겹도록 괴롭혀 왔던 해수병도 나아 있었다. 콜록기침이 멈춘 것이다. 그때 영천스님은 게송을 지어 오도의 경지를 표현하였다.

한주먹에 태산의 뿌리를 부수니
천하만물이 먼지 되어 날아가는구나
만법일체에 가히 걸릴 것 없으니
이 마음은 가을 달 가을 물 같도다
一拳拳倒泰山崗　天下萬物碎飛塵
萬法一切無罣碍　此心秋月似秋水

　그 뒤 스님은 전국 여러 사찰들과 방방곡곡을 누비며 세인들을 교화하고 도를 더욱 깊이 다져갔다. 오도송 그대로 걸림이 없어, 어디로든 가고 싶으면 가고 머물고 싶으면 머물렀기에, 스님의 행방을 아는 이는 참으로 드물었다.

　또한 스님은 절대로 차를 타거나 음식을 사먹는 법이 없었다. 일타스님은 18세 때 스님을 모시고 통도사에서 송광사로 간 적이 있었다. 그때 그 먼 길을 걸어서 간 것은 물론이요, 끼니 때가 되면 꼭 탁발을 시키는 것이었다.

　"일타야, 비구는 걸사(乞士)요, 걸사는 걸식(乞食)하며 살아야 한다. 밥을 얻어오너라."

　"어떻게 밥을 얻어와요?"

　"문 앞에 가서 눈을 지긋이 감고, '지나가는 스님 왔습니다' 한 마디만 하면 된다."

"저한테 돈이 있으니 사먹읍시다."

"어림없는 소리! 냉큼 다녀오너라."

스님은 이렇게 물처럼 바람처럼 걸사가 되어 사시다가, 1958년 10월에 동생 보경스님이 주지로 있는 부산 감로사를 찾았다. 마침 감로사에서는 김장이 시작되어 매우 분주하였으므로 보경스님은 형님에 대해 달리 마음을 쓰지 않았다.

그런데 공양에 두어 차례 참여하지 않는 것을 보고 이상스럽게 여겨 방문을 열어 보았더니, 영천스님은 이미 입적을 하신 후였다. 평소와 다름없이 단정히 앉은 자세로…….

둘째 외삼촌인 영천스님에 대해 일타스님은, '참으로 걸작이요 걸림없이 살다가 잘 가신 분'이라 평하셨다.

셋째 외삼촌 보경(寶瓊) 스님

보경스님(속명 金容學, 1916~1985)은 어릴 때부터 살림에 남다른 소질이 있었다. 이를 간파한 아버지 추금스님은 용학이 17세의 나이로 결혼을 하자, 그에게 집안 살림을 모두 맡기고 출가를 하셨다. 그날부터 용학은 머슴 셋을 거느리고 백 마지기의 논을 경작하면서, 14명 대식구의 살림을 훌륭하게 꾸려갔다.

그리고 일곱 채에 이르는 집을 모두 보수하였고, 집 뒤의 산에 10여 개에 이르는 굴을 파서 밤·홍시·당근 등의 과일과 농산물을 갈무리하여 언제나 먹을 수 있도록 하였으며, 집 옆

42

에 일곱 길 깊이의 샘을 파서 좋은 약수가 나오게 되자 마을 사람들이 공동으로 사용할 수 있게 하였다.

이러한 살림꾼 김용남이 출가한 큰형님의 환속을 권유하기 위해 해인사 백련암으로 찾아갔다가, 오히려 설득을 당해 24세의 나이로 출가하여 자운(慈雲) 스님의 제자가 된 것이다. 스님은 출가할 때 한 수의 게송을 지어 결심을 다졌다.

집안식구 같이 살며 깊이깊이 사랑하고
백천 마지기 논밭을 탐착하여 가꿀지라도
때가 되면 모였던 것 떠나가기 마련일세
그러므로 나는 이제 해탈의 도를 구하노라
一門共住思自愛　千結百畝自貪着
時至會必有別離　是故我今求解脫

속가에서도 살림꾼이었던 보경스님은 출가한 다음에도 사찰을 경영하는데 남다른 능력을 발휘하였다. 살림을 잘 살아주고 절을 일으켜 세우는 스님. 우리나라에서는 참선하는 승려를 제일로 치는 풍조가 만연하면서 사찰을 경영하는 승려를 무시하는 경향이 다소 생겨나게 되었다. 그러나 공부하는 승려가 공부를 잘 하기 위해서는 살림을 잘 살아주는 스님이 꼭 필요하다.

건법당입종지(建法幢立宗旨)! 법의 깃발을 내걸고 종지를 세울 때는 다섯 가지 인연〔五種緣〕이 갖추어져야 한다.

① 물 · 공기를 포함한 '나'와 맞는 토지의 인연〔土地緣〕

② 기도 · 참선 · 경학 등 자기와 맞는 수행의 인연〔道緣〕

③ 도를 배우려고 하는 제자나 도반의 인연〔衲子緣〕

④ 살림을 잘 살아 편안히 도를 닦게 해 주는 인연〔外護緣〕

⑤ 시주를 해주는 신도와의 인연〔檀越緣〕

　이처럼 살림을 잘 살아주는 외호연은 공부하는 도량의 필요 불가결한 요소이다. 그래서 옛 고승들 중에는 공부하는 젊은 스님의 뒷바라지를 위해 일부러 공양주의 소임을 맡는 이도 있었다.

　살림의 귀재였던 보경스님은 성철 · 청담 · 자운스님 등이 1948년에 문경 봉암사에서 '공주결사(共住結社)'를 행할 때에도 원주를 맡아, 그 어렵던 시절에 수십 명 수행승의 뒷바라지를 한치도 어긋남이 없이 하였다.

　사찰에 양식이 떨어져 모두가 탁발을 나가면, 보경스님은 다른 스님들보다 세 배, 다섯 배를 얻어왔다. 또 찹쌀 다섯 되로 30명 대중이 찰떡 네 개씩을 먹을 수 있도록 만들라고 하면, 하나도 남거나 모자라지 않게 만드는 정확성을 지녔었다.

　스님은 6 · 25 전쟁 후 부산의 영원암을 인수하여, 1954년부터 그 터에 새 절을 지었다. 돈이 모이면 법당 한 채를 짓고, 또 모이면 또 한 채, 이렇게 지어 부산 굴지의 사찰인 감로사(甘露寺)를 이룩한 것이다.

44

　그러나 스님은 절을 짓는 불사에만 만족하지 않았다. 적당한 사람이 있으면 절을 맡겨 놓고, 훌쩍 걸망을 지고 3~4개월씩 사라져버렸다. 나중에 알고 보면 스님이 사자산 법흥사, 태백산 정암사 등의 유명한 기도처에서 백일기도를 하신 것이었다. 참으로 보경스님은 기도를 즐겨 하신 스님이었다.

　어느 날 일타스님이 부산 감로사를 찾았을 때 보경스님은 한 사람이 앉을 수 있는 크기의 궤짝을 보여주셨다.

　"스님, 그 궤짝은 왜 만들었습니까?"

　"이 궤짝 위에 앉아 죽으려고."

　그 말씀 그대로 스님은 그 궤짝 위에 앉아 입적하셨다.

　평생 누더기 옷을 입고 불사가 아니면 기도하며 살다 가신 보경스님! 일타스님은 이 스님을 '틀림없는 살림꾼이로되 살림에만 애착하지 않은 기도승'이라고 평하였다.

막내 외삼촌 진우(震宇) 스님

　일본 명치대학의 졸업을 눈앞에 두고 1938년에 출가한 진우스님(속명 金容明, 1919~1983)은 당대의 대강사인 윤고경(尹古鏡) 스님의 제자가 되었지만, 오로지 참선에만 뜻을 두어 만공(滿空)·운봉(雲峰)·경봉(鏡峰) 등의 대선사들을 찾아다니며 밤낮을 가리지 않고 정진하였다.

　그러나 화두삼매는 쉽게 이루어지지 않았고, 조급증과 번뇌들이 깨달음의 길을 방해할 뿐이었다.

"출가한지 5년이 넘었는데도 견성(見性)의 문턱도 보이지 않으니, 이렇게 공부하여 어떻게 깨달을 것인가?"

스님은 1943년 지리산 금대암으로 가서 한 철 동안 잠을 자지 않고 용맹정진하였고, 그 결과 천지가 확 트이는 경계를 체득하여 스스로 오도송을 지었다.

평생의 사업이 한조각 이것 뿐이니
메아리 없는 골짜기의 뿌리 없는 나무로다.
그림자 없는 나무 끝에 스스로 피어난 꽃은
봄바람도 봄비도 상관하지 않는다네
平生事業一段子　無響谷中無根樹
無影樹頭花自發　不關春風不干雨

진우스님은 전국 선방에다 이 게송을 보내고, 스스로가 인정한 깨달음에 도취되어 한동안 큰소리를 치며 지내고 있었다. 그때 동해 월내포의 묘관음사에 계시던 운봉대선사께서 한 통의 정성어린 편지를 보내셨다.

보내 온 편지를 자세히 보니, 너의 신심이 어떠하며 공부를 어떻게 하고 있는지를 대강 알겠다. 신심과 공부의 진실함과 진실하지 못함, 삿됨과 삿되지 아니함, 공부가 병든 것과 병들지 않는것, 광명 가운데 빛이 없는 것과 소리 가운데 소리가 없는 도리에 대해서

46

는 모두 그만두자. 오직 하나, 너의 편지 가운데 '탁마(琢磨)코저 함이라'고 한 것을 꼬집어 말하자면, 네 스스로에게 필히 견성(見性)을 하였다는 마음이 있음이로다.

진실로 견성을 하였다면 네가 매일매일 참구하는 공안(公案)의 뜻을 확연히 투득(透得)하였을 것이니, 그 공안의 뜻을 분명히 말해 보아라. 내가 너를 증명해 주리라. 만일 공안을 투득하지 못하였으면 편지에 적어 보냈던 여러 가지 문구들이 모두 망상에 불과한 것이니, 다시 딴생각 하지 말고 또한 생각을 하지 않는다는 생각도 짓지 말고, 여전히 이전처럼 본래 참구했던 공안을 힘을 다해 의심할지어다.

공부하는 사람 대부분은 처음에는 진실하게 공부하는 듯하다가, 마침내 식심(識心)이 잠시 휴식을 하는 시절에 이르게 되면, 맑고 고요했던 식심이 변하여 견성을 한 듯한 뜬생각에 빠지게 된다. 바로 이 경계에 이르렀을 때 그 사람의 속으로부터 법을 안듯한 날카로운 기운이 이글이글 일어나면서, 견성한 것 같은 어떠한 문구들이 자꾸만 떠오르고 용맹스런 기세가 등등한 듯하나니, 이와 같은 증세는 모두 마구니의 힘이요 진실한 경계가 아니니라.

몸은 물거품과 같고 목숨은 바람 앞의 등불과 같나니, 만약 진실한 경계가 아니면 어찌 두려워하지 아니하며 어찌 삼가지 않을 것인가. 진중하고 또 진중할지어다.

평소 존경하던 운봉대선사의 편지를 받은 진우스님은 다시 마음을 가다듬어, 금강산 · 덕숭산 · 가야산 · 지리산의 선방을 옮겨 다니며 새로운 마음으로 5년 동안 용맹정진하였다. 그리고 1948년 어머니 대원(大圓) 스님을 봉양하기 위해 전주 서고사 밑에 법성원(法性院)을 짓고 전강(田岡) 대선사를 모셔다가 법문을 청하였다. 그때 전강선사가 묻고 진우스님이 답하며 선문답을 나누었다.

[문] 전주가 다 성불하였다고 하니 그 의지가 어떠한가?

　　[全州成佛意旨如何]

[답] 백억의 살아있는 석가가 취해 봄바람 끝에서 춤을 춥니다.

　　[百億活釋迦 醉舞春風瑞]

[문] 금산사 입불이 가장 큰데 그 의지는 어떠한가?

　　[金山立佛意旨]

[답] 청산은 원래 동함이 없는데 흰구름이 스스로 가고 옵니다.

　　[靑山元無動 白雲自去來]

[문] 조사의 열반소식은 어떠한가?

　　[祖師涅槃消息如何].

[답] 아이고 아이고 아이고.

전강선사는 머리를 끄덕이며 칭찬하였다.

"진우 수좌는 역시 용맹이 있도다."

나이 사십이 넘자 진우스님은 아무도 모르는 곳으로 은거

하여, 문맹자에게는 글을 가르치고, 아픈 이에게는 침을 놓아
주며 지내다가 65세의 나이로 입적하였다.

일타스님은 진우스님의 이야기를 들려주시며, '어린 시절
내가 가장 따르고 좋아했던 외삼촌'이라 하셨다.

이렇듯 '늦깎이'로 출가를 하였으나 오도를 하고 자화장까
지 하신 외할아버지 추금스님과 네 분 외삼촌은, 일생 동안
정진에 정진을 거듭하신 분이셨다. 전가족이 출가를 한 다음
몇 년이 지나 네 분 외삼촌이 처음으로 해인사 백련암에서 마
주 앉게 되었을 때, 맏형인 법안스님은 말씀하셨다.

"오늘부터 지나간 과거 이야기를 하는 이는 함께하지 말도
록 하자. 우리는 해탈을 위해 중이 되지 않았더냐. 이렇게 다
시 만난 기념으로 우리 7일 동안 용맹정진을 하자."

4형제는 모두 '좋다'고 하며 7일 동안 함께 용맹정진을 하
고 헤어졌다. 이것이 이 분들의 평상심(平常心)이었으니….

아버지 법진(法眞) 스님

일타스님의 아버지 법진스님(속명 金鳳秀, 1898~1986)은
세속에 살 때부터 특별한 애착도 없고 마음씨도 좋아 마을사
람들로부터 '부처'라는 별명을 얻고 살았다.

재산이 있는 집안의 5형제 중 둘째로 태어났으나, 출세욕
이나 향학열이 없어 다른 형제들에 비해 공부를 많이 하지 못

하였다. 어느날 많이 가르치지 못한 것을 애석하게 여긴 아버지가 재산이라도 넉넉히 물려줄 양으로 그를 불렀다.

"너에게 논을 얼마나 물려주랴?"

"고라실에 있는 논 열마지기만 주십시오."

위치 좋고 값이 높은 논이 백 마지기도 더 되었건만, 골짜기에 있는 천수답(天水畓) 열 마지기만 달라고 한 것이다. 이토록 법진스님은 세속 욕심이 없었던 분이셨다. 그리고 틈만 나면 형제들의 집에 가서 농사일을 거들어주고 무너진 담장이나 외양간, 돼지막 등을 고쳐주었으며, 집안의 손가는 일들은 모두 맡아 해결해 주었다.

그러다가 처가집 식구의 뒤를 이어 큰 딸이 출가를 하자, 아내와 함께 수덕사 만공스님을 찾아가 '법진(法眞)'이라는 불명을 받고, '만법귀일 일귀하처(萬法歸一 一歸何處)'라는 화두를 받았다.

만법귀일 일귀하처! "만법이 하나로 돌아가니, 하나는 어디로 돌아가는가?" 하는 화두였다. 법진처사 내외는 그 화두를 써서 벽에다 붙여 놓고 함께 참선을 하였다. 하지만 세속에서의 참선공부가 뜻과 같이 이루어지지는 않았다.

공부를 잘 하고 싶었던 법진거사는 1938년 검둥소 한 마리를 팔아 여비를 마련한 다음, 금강산 마하연선원으로 가서 한 철 동안 용맹정진하였고, 지리산 칠불선원 등 이름있는 수행처를 다니다가 1년만에 집으로 돌아왔다.

그 뒤 큰 아들이 해인사로 출가하고 아내와 막내 딸이 연이어 출가를 하자, 법진거사는 일타스님이 초등학교를 졸업할 때까지 기다렸다가, 1942년 45세의 나이로 수덕사 만공스님께로 나아가 출가하였다. 그리고 출가한 후 89세로 입적하실 때까지 오로지 수덕사에서만 사셨다. 태어나 만 44년은 세속에서, 만 44년은 출세간에서 사신 것이다.

세속에서도 그러하셨지만, 출가한 법진스님은 정녕 욕심없이 사셨다.한 번은 아들인 일타스님에게 말씀하셨다.

"저 산 바위 위의 삐죽삐죽 자란 소나무 사이에 토굴을 한 채 지어, 메주 몇 덩이 얻어 천장에 매달아 놓고 참선정진하다가, 배 고플 때 말라 튀어나온 메주콩 조각을 솔잎과 함께 씹어먹으면 그 맛이 기가 막히지. 그리고 바위 틈에서 흘러나오는 물 한 모금으로 목을 적시며 지내면, 신선이 아니고 무엇이랴."

이러한 스님이셨기에 평소에 남긴 게송도 그렇게 맑을 수가 없었다.

나는 본래 바위 틈에서 사는 납자일러라
한 주먹 콩과 솔잎이 나의 입에 가장 맞네
묵묵히 띠집에 앉아 먼 산을 바라보니
앞 봉우리 뒷 바위가 천만년을 살고지고
我本巖間一衲子　太豆松葉適口味

默坐茅庵遠望山　前峰後巖千萬年

스님의 가장 절친한 도반은 한 살 아래인 마벽초(馬碧超, 1899~1986) 스님이셨다. 9세에 출가하여 만공스님의 제자가 된 벽초스님은 일평생 수덕사를 지키며 궂은 일을 도맡아 하셨고, 수덕사에서 산 정상에 있는 정혜사까지의 1천2백 개 돌계단을 직접 쌓으셨다. 만년에 덕숭총림의 초대 방장으로 추대되었으며, 일평생 단 한번의 법문도 하지 않은 고승으로도 유명하다.

이 벽초스님이 수덕사의 주지를 하고 있었을 때, 법진스님은 50대 중반까지 10여 년 동안 수덕사의 농사일을 총괄하는 '농감(農鑑)'이라는 직책을 맡았다. 마을에서도 경험이 많았던 스님은 농사를 잘 지어 절의 농토를 차츰 넓혀갔고, 이를 고맙게 여긴 벽초스님은 송아지 한 마리를 법진스님께 주었다. 그 송아지가 자라 황소가 되었을 때 법진스님은 소를 팔지 않고 수덕사 큰 절로 보냈다.

"금선대 토굴에서 큰 절의 양식을 얻어 먹고 사는 나에게 소가 무슨 필요가 있겠소. 소를 팔아 수덕사 불사에 보태도록 하십시오."

이후 벽초스님은 법진스님을 깊은 정으로 보살폈다. 무뚝뚝하고 엄하기 그지없었던 벽초스님은 자주 상좌들에게 명하였다.

"금선대 노스님께 가보아라. 불편하신 것은 없는지….""

"금선대를 다녀오너라. 양식이나 떨어지지 않았는지….""

벽초스님은 먹을 것이 생기면 가장 먼저 금선대로 보내었고, 날씨가 춥거나 큰 비가 내린 다음에는 꼭 점검을 하는 등, 늘상 마음을 법진스님께 전하며 깊은 우정을 나누었다.

그리고 금선대에서 한결같이 무욕(無欲)과 무소유로 생활을 하셨던 법진스님은 언제나 '만법귀일 일귀하처'의 화두를 함께 하셨고, 가끔씩 소리내어 '일만법이 …, 일만법이 …' 라고 하셨다. 어느날 한 수좌가 스님께 여쭈었다.

"스님, 왜 '일만법이' 까지만 하십니까? '일만법이 하나로 돌아가니, 하나는 어디로 돌아가는고' 라고 하셔야지요?"

"아, '일만법이 …' 라고만 하여도 끝까지 다 가는거여.""

또한 스님은 너무나 평온하고 천진하였으므로, 함께 하는 이들까지도 저절로 마음의 평화를 얻지 않을 수가 없었다. 송광사 주지를 지냈던 법홍(法弘) 스님은 이렇게 회고하였다.

"거짓없고 천진스럽기 그지없는 법진노스님과 닷새를 함께 머물렀더니, 본사 주지직을 맡으면서 쌓였던 노이로제가 싹 없어지더구먼. 그야말로 스님은 조금도 사심이 없는 아이의 마음을 지니셨어."

평생을 한도인(閑道人)처럼 사셨던 법진스님은 88세가 되자 말씀하셨다.

"부처님께서는 79세까지 사셨는데 나는 88세나 살았으니 부처님께 죄송하다. 부처님보다 근 10년을 더 살았으니….”

이 말씀을 자주하시더니 89세 되던 1986년 음력 7월 초에 머리가 아픈 미질을 보여, 평생 계셨던 금선대에서 수덕사로 내려오셨다. 그때 스님은 천진도인다운 말씀을 하셨다.

“걱정이야.”

“노스님, 평생 근심 걱정을 안 하시더니 지금에 이르러 무엇이 걱정되십니까?”

“7월 15일의 해제일이 눈앞에 다가왔어. 해제 전에 죽으면 공부하는 사람들에게 방해가 될 테고, 해제 후에 죽으면 다들 바랑을 짊어지고 떠나버린 다음일 텐데, 누가 나의 장례를 지내주지?”

“원, 노스님도 ….”

이렇게 말씀하시던 법진노스님은 해제일 하루 전인 7월 14일에 입적하셨다. 하안거(夏安居)의 끝이라 수좌들의 공부를 방해하지도 않고, 해제를 한 수좌들이 장례를 치른 다음 떠날 수 있는 날을 택한 것이다. 아들인 일타스님은 노스님의 임종 직전에 찾아가서 여쭈었다.

“노스님, 돌아가시면 어디에 가서 사시렵니까? 고향인 구름내〔雲川〕에 가서 사시렵니까?”

“아니다. 뭐하러 구름내에 가노.”

“그럼 어디로 가시렵니까?”

“청산(靑山)에 흰구름 나르고 맑은 물이 흐르는 곳은 다 고

향이 아니더냐. 그러한 고향으로 가련다."

그리고는 평소 생각 그대로의 임종게를 남기셨다.

     팔십팔세의 생애로 이미 기한 다했으니

     칠십구세 부처님보다 더 많이 살았구나

     오늘에 이르러 과연 어느 길로 갈건가

     푸른 산과 흰구름과 흐르는 물 사이로다

     米壽生涯已限盡　勝於瞿曇七十九

     今日路頭何處去　青山白雲流水間

천진하고 욕심없어 걸림없이 사셨던 법진노스님. 일타스님은 아버지 법진스님을 '급한 것도 없고 화를 내는 일도 없는 편안하고 편안한 분'이라고 평하셨다. 당호는 '자응(慈應)'이시다.

어머니 성호(性浩) 스님

일타스님의 어머니 성호스님(속명 金上男, 1897~1955)은 4남 1녀 중 맏이로 태어났다. 어린 나이에 사서삼경(四書三經)을 통달하여 마을에서 총명을 떨쳤으며, 글씨도 잘 쓰고 시도 잘 지었다. 결혼 적령기가 되자, 염불을 하여 신통을 이루었던 일타스님의 외증조할머니 이평등월(李平等月) 보살이 큰아들 김만수(金萬洙, 추금스님)를 불러 말씀하셨다.

"여기에서 북쪽으로 30리 가량 가면 구름내〔雲川〕라는 마

을이 있다. 그 마을 김창석씨네 둘째 아들과 네 딸 상남이와
는 인연이 있으니, 찾아가서 혼사(婚事) 이야기를 해보아라."

　이렇게 평등월보살은 집에 앉아, 손주 사위 김봉수를 직접
보지도 않고 손녀 딸을 결혼시켰다. 그 뒤 똑똑하기 그지없었
던 상남은 순박하기만 했던 남편과의 사이에서 2남 2녀를 낳
고 평범한 삶을 살아야만 했다.

　그러다가 큰 딸 경희(敬喜)와 큰 아들 사열(思悅)이 승려가
되자 인생무상을 절감하고 출가의 뜻을 굳혔으며, 남편과 함께
만공스님을 친견하고 '원만성(圓滿性)'이라는 불명을 받았다.

　그날부터 낮에는 일을 하며 '대방광불화엄경(大方廣佛華嚴
經)'을 불렀고, 밤에는 남편과 함께 좌선을 하였다. 1940년,
마침내 출가할 때가 되었음을 느낀 원만성보살은 막내 딸 명
희(明喜, 快性스님)를 데리고, 문경 대승사의 윤필암으로 들
어가 비구니가 되었다.

　출가 초기에 성호스님은 속리산으로 들어가 장좌불와(長坐
不臥)하며 용맹정진하는 등 열심히 공부를 하였으나, 똑똑하
고 적극적인 성격 때문에 차츰 사찰을 경영하는 일을 맡아야
했고, 출가한 가족들을 뒷바라지 하는 일에 몰두하지 않을 수
가 없었다.

　그러한 생활 속에서도 성호스님은 특히 인과응보를 중시하
였는데, 스스로도 인과를 깨닫는 한 가지 일을 경험하였었다.

　그것은 1942년경 성호스님이 대구 동화사의 내원암(內院

庵)에 머물러 계셨을 때의 일이다. 당시 내원암은 거의 무너지다시피한 아주 가난한 절이었고 살림살이 또한 없었다. 어느 날 성호스님은 대구 서문시장에서 옹기·그릇 등의 갖가지 살림살이를 사서 소달구지에 가득 싣고 내원암으로 올라갔다.

그러나 짐끈을 제대로 묶지 않아 실은 물건들이 덜거덕덜거덕 흔들렸다. 스님은 끈을 단단히 묶기 위해 수레를 세우고 수레바퀴 옆에 바짝 붙어서서 끈을 다시 묶었다.

그런데 가만히 있던 소가 갑자기 앞으로 달려나갔고, 미처 몸을 피하지 못한 성호스님의 발등 위로 수레바퀴가 넘어갔다. 그때의 수레바퀴는 지금의 고무바퀴와는 달리 나무에다 쇠를 두른 아주 딱딱한 것이었다.

빈 수레라 하여도 무거운데, 거기다 짐을 실었으니 그 중량이 얼마이겠는가? 연한 두 발이 사정없이 바스러지는 순간, 성호스님은 기절하여 대구 동산병원에 입원하였다.

스님의 가족들이 걱정을 하며 입원실을 찾았을 때, 성호스님은 혼자서 싱글싱글 웃고 계셨고, 의아하게 여긴 일타스님이 물었다.

"어머니, 아프지 않으십니까?"

"두 발등이 다 부셔졌는데 안 아프면 되는가?"

가히 백천겁이 지날지라도

지은 바 업은 없어지지 않나니
인과 연이 만나는 때가 오면
그 과보를 면할 수가 없느니라.
假使百千劫　所作業不亡
因緣來遇時　果報難免矣

스님은 아픈 중에도 이 게송을 읊으시며 자꾸만 빙그레 웃으셨고, 어리둥절해하는 가족들에게 웃는 까닭을 말씀하셨다.

"나는 발을 다쳐 기절을 하는 바로 그 찰라에 닭 한 마리가 퍼덕퍼덕 날개를 치며 달아나는 것을 보았다. 출가하기 3년 전에 할아버지가 집에 오셔서 점심 진지상을 차리는데, 부엌 안으로 닭 한 마리가 들어와서 먹을 것을 찾아 왔다갔다하며 목을 넘실거리더구나. 그래서 닭을 쫓기 위해 아무 생각없이 부지깽이를 던졌는데, 그만 닭다리에 정통으로 맞아 다리 둘이 몽땅 부러져 나갔단다. 닭은 크게 소리내어 울면서 두 다리가 간당간당한 상태로 황급히 밖으로 달아나 버렸지.…"

기절하는 순간, 닭이 달아나는 영상을 본 성호스님은 직감적으로 '그때의 닭이 죽은 다음 지금의 저 소가 되어 악연을 갚는 것'임을 느꼈다는 것이다.

"내가 그때 닭의 다리를 일부러 부러뜨린 것이 아니듯이 저 소도 일부러 내 발등을 부러뜨리려 한 것은 아닐 것이다. 아마도 벌이 달려들자 피하기 위해 갑자기 수레를 끌었을 것이야. 평소 때였다면 소 모는 일꾼에게 그릇들이 움직이지 않게 끈을 좀 잘 매달라고 하였을텐데, 과보를 받을 때가 되어서인지 이상하게 직접 끈을 조여매고 싶어졌거든! 이렇게 인과가 분명할 데가 어디 있느냐? 3년 전에 지어놓은 업을 이렇게 빨리 받았으니, 그 전에 지은 죄업도 어지간히 갚아진 것이 아니겠니? 나는 얼마나 기쁜지 모르겠다."

이러한 마음가짐 때문인지 한 달 남짓 병원에서 치료하자 바스러진 발들이 완전히 붙었으며, 돌아가실 때까지 성호스님은 발이 아프다는 말씀은 한 번도 하지 않았다고 한다.

이상과 같은 체험을 통하여 인과를 철저히 믿었던 성호스님은 한 치의 어긋남도 없는 중노릇을 할 것을 일타스님 등의 자식들과 제자들에게 가르쳤다.

그러나 절집안과 가족들을 위해 분주한 나날을 보냈던 성호스님은 1955년에 접어들자 병석에 눕게 되었고, 병이 나을 기미를 보이지 않자 내생을 기약하며 발원문을 지었다.

원하오니 세세생생 태어나는 곳마다
여인의 과보신을 영영 떠나지이다
단정하고 위엄있는 장부신을 얻되
복덕 지혜 두 가지에 결함이 없어
일체의 학문을 통달해 마친 다음
동진의 몸으로 티끌세상 벗어나리

오온과 육근이 모두 청정하옵고

신심이 견고하여 물러남이 없으며

좋은 도반 선지식을 가까이 모시고

한 말씀 아래에 생사를 초월하여

위없는 정등각을 깨달아 증득하고

부처님의 혜명 이어 불은에 보답하리

나무마하반야바라밀

나무대방광불화엄경

나무영산회상불보살

願我來世生生處　永離女報業繫身

常得端嚴丈夫身　福德智慧兩無缺

博達一切學問已　不破童眞出世間

五蘊六根咸淸淨　信心堅固不退轉

親近善友善知識　一言之下越生死

悟證無上正等覺　續佛慧命報佛恩

南無摩訶般若波羅蜜

南無大方廣佛華嚴經

南無靈山會上佛菩薩

　이 발원문은 현재에도 작자가 알려지지 않은 채 비구니 스님 사이에서 널리 독송되고 있다.

　그리고 임종 직전, 성호스님은 아들인 일타스님을 부산 고

견사로 불러 '중노릇 잘 해라', '잠시도 공부에 대한 생각을 놓지 말고 열심히 정진해라', '대중의 처소를 떠나지 말고 명리를 좇지 말라'는 등의 말씀을 남겼다.

일타스님은 일찍 세상을 떠난 이머니 성호스님에 대해, '그때 내가 어려서 약 한 번 제대로 못지어 드린 것이 못내 아쉽다'며 회고하셨다.

누나 응민(應敏) 스님

일타스님의 누나 응민스님(속명 金敬喜, 1923~1985)은 일본으로 유학을 갈 수 없게 되자 공부를 더 하고 싶은 열망 속에서 금강산 신계사의 법기암(法起庵)으로 출가하였다. 그곳에서 대원(大圓) 비구니의 제자가 되어 1년 동안 공부하다가, 법기암 큰 방에 걸린 어느 선사의 사진을 보고 필연의 인연을 느꼈으며, 때마침 수덕사 혜암스님께서 법기암으로 오시자 응민스님은 여쭈었다.

"저 분은 누구십니까?"

"예산 수덕사의 조실로 계시는 만공큰스님이시다."

"아!"

스님은 바로 그 다음날 금강산을 떠나 수덕사로 향하였다. 만공큰스님의 가르침을 받아 일대사(一大事)를 해결하겠다는 일념으로 꼬박 보름밤 보름낮을 걸어 수덕사에 도착하였다. 그때 나이 19세. 지친 몸을 이끌고 만공스님께 인사를 드리자

큰스님은 미소를 지으며 말씀하셨다.

"나를 찾아온 선재동자가 아닌가."

만공스님은 응민스님을 비롯한 1백여 명의 수좌들에게 무섭도록 지도하셨다.

"화두를 놓치면 생명을 잃는다."

"다른 데서 도를 찾지 말라. 스스로에게서 찾아라. 바로 자신에게 있는 것이다. 내가 웃고 울고 즐거워하고 싫어하는 그 가운데에 있다."

큰스님의 지도 아래 용맹정진을 하던 어느날, 만공스님은 경허스님의 임종게로 대중들에게 질문을 던지셨다.

마음달이 외로이 둥글어

그 빛이 모든 상을 삼키니

빛과 경계를 함께 잊었거늘

다시 이 무슨 물건인고?

心月孤圓　光呑萬像

光境俱忘　得是何物

모든 대중이 답을 찾지 못하고 있을 때, 응민스님이 일어나 답하였다.

"빛이 비추는 바가 없으면 경계 또한 있는 바가 없습니다. 마치 거울로 거울을 비추는 것과 같아서 상(相) 가운데에는 불(佛)이 없습니다."

"그래, 응민수좌가 공부를 열심히 하는구나."

"그리고는 '정진제일 수좌' 라는 칭찬과 함께 '방울대사' 라는 별호를 붙여주셨다. 정녕 응민스님은 화두일념만을 갈구하였고, 잠시라도 화두를 놓치지 않으려고 노력하였다. 혹 도량을 거닐다가 멀리 도반이라도 보이면 왔던 길을 되돌아가 피하였는데, 만나면 서로 말을 하게 되고 말을 하다보면 공부를 등한히 하게 됨을 걱정한 것이다.

1946년 만공스님께서 열반에 드시자, 응민스님은 걸망수좌가 되어 윤필암·김룡사·봉암사 등지의 고승들을 찾아 공부의 정도를 점검 받았다. 이 때 만난 스님들은 성철·향곡·동산·효봉·청담·자운스님 등의 고승들이다.

특히 스님은 봉암사를 찾았을 때 성철스님·향곡스님으로부터 비구니로서는 극복하기 힘든 여러 가지 검증을 받았으나, 깊은 신심과 구도의 열의로 이 시험들을 모두 통과하였다.

또한 운수납자의 생활 속에서 모든 것이 슬프게만 느껴지는 비마(悲魔)와 한없는 기쁨에 빠져드는 희마(喜魔)가 겹치기도 하였고 상기병(上氣病)으로 심한 고통을 겪기도 하였지만, 결코 좌절하지 않고 더욱 정진하여 이 모두를 극복하였다.

그렇게 20여 년 동안 전국의 선원을 다니며 정진하다가, 1966년 수덕사 견성암으로 돌아와 안착하였다. 그 때 수덕사의 조실 혜암스님은 응민스님을 다음과 같이 높이 평가하셨다.

"응민의 법은 참으로 뛰어나다. 비구가 되었으면 능히 사바를 감명케 하였을 것인데, 참으로 비구니가 된 것이 안타깝다."

참으로 응민스님은 깊은 수행력으로, 아직 수행의 갈피를 잡지 못하여 방황하는 후학이 있으면 친어머니처럼 너그러이 감싸주시고 자상하게 가르쳐 주셨다.

뿐만 아니라 한 손에는 호미를, 한 손에는 빗자루를 들고 사찰의 구석구석을 치우고 가꾸었으며, 먹는 것과 입는 것을 초월하여 사셨다. 사월 초파일의 등을 만든 다음 색색가지의 풀이 남게 되면 그 풀로 풀떡을 만들어 드셨으며, 찬 없는 공양도 당신이 먼저 맛있게 드심으로써 후학들의 지도에 한 치의 빈틈도 보이지 않으셨다.

하지만 승려들이 참선공부를 게을리 할 때는 엄하게 꾸짖으셨고, 깊은 법문으로 지혜의 길을 열어주셨다.

"공부를 게을리하려면 왜 부처님 집안으로 출가를 하였느냐? 시집으로 출가를 할 일이지…. 공부를 잘하려면 인생이 무상(無常)하다는 것을 확실히 느껴야 한다. 무상함을 절감할 때 무상(無上)의 보리심을 발할 수 있고, 무상보리심을 발하여야 대도(大道)를 이룰 수 있느니라."

이렇게 스님은 수덕사 견성암에서 18년 동안 후학들을 지도하다가, 1984년 12월 8일부터 15일까지 7일 용맹정진을 끝내고 '거(去)사바세계'를 되뇌이셨다. 그리고 12월 18일 아

64

침, 몸을 깨끗이 씻고 옷을 갈아 입은 다음 단정히 앉아 자호(自號)인 '허주(虛舟, 빈 배)'와 관련된 임종게를 남겼다.

한없는 겁의 수효 빈 배처럼 왔으니
하늘 땅의 힘 빌리잖는 빈 배일러라
중생을 제도하여 빈 배를 채움이여
우연히 왔다 가니 참으로 빈 배로다
無央劫數來虛舟　不借乾坤本虛舟
廣度眾生滿虛舟　偶來偶去眞虛舟

나이 62세, 법랍 44세이셨다. 다비를 할 때는 진눈깨비가 날리고 상당히 추웠는데, 갑자기 전깃불처럼 환한 광명을 3분 가량 발하였다.

빈 배로 와서 빈 배로 살다가 빈 배로 가신 응민스님! 일타스님은 누나 응민스님을, '비구니로서 드물 정도로 공부를 잘 하신 분'이라고 평가하셨다.

형 월현(月現) 스님

일타스님의 형인 월현스님(속명 金思悅, 1926~1978)은 호랑이 꿈을 꾸고 낳은 사람답게, 눈썹이 아주 짙고 눈이 화등잔처럼 부리부리한 것이 호랑이를 닮은 듯 하였으며, 기운도 매우 세고 성격도 괄괄하였다.

고등보통학교를 가지 못하게 되자 팔만대장경을 배우러 간다며 14세에 해인사로 출가하였다. 스님은 출가한 직후부터 참선정진에 몰두하여 '동자수좌'라는 이름을 얻었으며, 1946년 해인총림이 결성되자 20대 초반의 나이로 퇴설당선원에서 3년 결사를 행하여 '정진 잘 하는 수좌'로 널리 인정을 받았다.

이렇듯 수좌답게 정진을 잘 하였던 월현스님은 1954년의 불교정화운동 이후, 절집안의 사형인 문정영스님이 서울 도봉산 천축사 주지를 맡았을 때 재무를 역임하면서, 6년 동안 두문불출하며 정진하는 무문관(無門關)을 함께 지었다. 무문관을 지은 다음 석가모니부처님처럼 용맹정진을 하고 싶었던 것이다.

그러나 무문관이 완성되기 직전, 주지스님에게 뜻하지 않은 일이 생겨 천축사를 떠나야 했고, 신도들의 권유로 천축사 아래에다 무허가로 법성원(法性院)이라는 절을 짓고 머물게 되었다. 참선수좌였던 스님은 법성원을 운영하고 포교를 하느라 10여 년 동안 애를 썼으나, 도봉산 일대가 군사작전지역으로 묶이면서 주변 골짜기 무허가 건물과 함께 법성원도 철거가 되었다.

스님은 제행무상(諸行無常)을 절감하며 경주 불국사로 옮겨 갔고, 이때부터 코 안이 말라 논바닥처럼 갈라지는 병에 걸려 심한 고통을 겪었다. 안티프라민을 바르며 하루하루를 견디었으나, 나중에는 코가 뒤집어지기 시작하였다. 마침내 병원을 찾았을 때 내려진 병명은 비후암! 방사능 치료로도 어떻게 해 볼 수 없는 지경에 이르렀다.

하지만 스님은 앉아서 죽음을 기다리지 않았다. 현풍 도성암(道成庵)으로 자리를 옮겨 한 철 동안 생사를 넘어서는 용맹정진을 하였고, 그 때 동생인 일타스님에게 시를 지어 보냈다.

비슬산은 높고 낙동강은 깊으며
영원한 저 해는 천심을 비추도다
만약 어떤 이가 그 속의 뜻 묻는다면
유가의 현풍이 크게 소리친다고 하리
琵瑟山高落東深　千秋金烏照天心
若人問我介中意　瑜伽玄風大振聲

달이 환하니 별은 빛이 없고
산이 푸르니 구름이 무심토다.
이러한 산과 달 가운데에
만상은 나날이 새로워지누나
月白星無色　山靑雲無心
如是山月裡　萬像日日新

일타스님은 이에 대해 죽음을 눈 앞에 둔 이의 시가 아니라,

수행자의 기개가 넘치는 시라고 평하셨다.

그 뒤 월현스님은 해인사 지족암으로 옮겨와 동생 일타스님과 함께 수행하면서 열반을 준비하셨다. 그때 어떤 이가 스님께 '나무아미타불'을 불러 극락왕생을 기원할 것을 권하자 약사발을 던지며 소리쳤다.

"수좌는 혀를 땅바닥에 박고 죽을지언정 염불을 하지 않는다. 나에게 아미타불을 부르라고 하다니!"

이렇듯 몸은 기울어가도 수좌의 기개만은 기울어짐이 없었던 월현스님! 스님은 임종을 며칠 앞두고 동생 일타스님께 당부하셨다.

"일타스님은 숙세의 선근이 깊어 중노릇을 잘 하고 갈거야. 종단에서 모든 이들이 큰스님으로 인정해주고 있으니, 큰스님 이름을 더럽히지 않도록 계속 잘 정진하시오. 내 세 가지만 당부하리다.

첫째, 법문하러 많이 다니지 말고 찾아오는 사람에게도 세 마디로 끝내도록 하시오. 법문 자꾸 해봐야 소용이 없소.

둘째, 글을 너무 많이 쓰지 마시오. 글도 많이 쓰면 희소가치가 떨어져요.

셋째, 사람을 너무 많이 만나지 말고 항상 정진을 하시오."

그리고 임종의 순간이 되자 일타스님의 손을 꼭 잡으며 말씀하셨다.

"일타스님, 이제 갈 때가 되었습니다. 내생에 다시 만납

68

시다."

"예, 다시 만납시다. 우리 다음 생에도 중이 되어, 바랑을 짊어지고 함께 다닙시다."

"암, 바랑 지고 다녀야지, 바랑 지고 다녀야지."

그 말이 좋아 되뇌이는 월현스님께 일타스님은 마지막 말을 하셨다.

"어떤 스님이 조주스님께 '개에게도 불성이 있습니까?' 하고 묻자, 조주스님께서 답하셨습니다. '무(無)'"

그러자 월현스님도 '무' 라 하고 입적하셨다.

그렇게 '무' 하고 떠나가신 월현스님의 마지막을 일타스님께서는 '아주 오랫동안 좋게 기억되었다' 고 회고하셨으며, 한편으로 '불사를 하는 옆 길로 가지 않았으면 큰 고승이 되었을 분' 이라며, 형님 월현스님에 대한 아쉬움도 가지셨다.

버리고 떠난 사람들…. 이제까지 우리는 모든 것을 버리고 떠난 일타큰스님의 친가 · 외가 41명의 출가기와 가까운 가족 몇 분의 생애를 간략히 살펴보았다. 이를 통해 일타큰스님의 불연(佛緣)이 어떠하였으리라는 것을 능히 짐작하였으리라. 이제 우리 불자들의 귀감이 되셨던 일타큰스님 일대기를 조명해 보자.

아! 일타큰스님

제2장
*
일타큰스님 일대기

전생 승려의 어린 시절

생남불공(生男佛供)

자비보살 일타큰스님.

일타스님을 가까이에서 접한 이는 스님을 '자비보살(慈悲菩薩)'이라 칭하였다. 언제나 부드러운 미소로 찾아 오는 이의 아픈 마음을 어루만져 주고, 자상한 법문으로 근심 걱정의 삶을 지혜로운 삶으로 바꾸어 주셨기 때문이다.

큰스님께서 떠나신 지금, 그 자취를 되돌아 보면 볼수록 보통 사람과 달랐음을 깊이 느끼게 된다. 보통 사람들은 업연(業緣)따라 태어나 한 생(生)을 업에 결박되어 보내다가 업을 지고 떠나가지만, 일타스님은 원(願)을 따라 태어나 스스로의 원력(願力)을 이루며 사신 분이요, 수행을 통하여 끊임없이 업을 녹이신 분이며, 자기를 깨우침과 동시에 뭇 생명있는 자를 깨우치는 삶을 성취하신 분이셨다.

　이러한 일타큰스님이셨기에, 스님을 자식으로 맞아들이는 부모님의 정성 또한 남달랐다.

　불심이 매우 깊었던 스님의 부모님은 자식을 낳기 위해 절을 찾아다니며 정성을 다해 생남불공(生男佛供)을 드렸다. 하지만 부처님 전에서 불공을 올릴 때만 정성을 기울인 것은 아니었다.

　수확한 첫 쌀을 부처님께 가장 먼저 바쳐야 하는 것으로 여겼던 부모님들은 농사를 지을 때도 기도하는 마음으로 하였다.

　공양미를 수확하는 논밭에는 거름으로 대변을 주지 않고, '관세음보살'과 '대방광불화엄경(大方廣佛華嚴經)'을 부르면서 고운 풀만 베어다가 거름으로 사용하였으며, 벼가 다 익으면 낫으로 베는 것이 아니라 손으로 직접 벼를 훑어 방아를 찧었다.

　이렇게 수확을 하고 나면 아버지는 손수 만드신 무명 베 자루에 쌀을 한 말 담았다. 그리고 깨끗한 무명옷으로 갈아 입으신 다음, 그 쌀을 지게에 얹어 마곡사 대원암까지 짊어지고 가서 불공을 드렸다. 공주 읍내에 있는 집에서 절까지는 80리 길인데, 그 먼 길을 생남기도(生男祈禱)를 위해 다니셨던 것이다.

　한번은 평소와 같이 쌀을 짊어지고 마곡사 대원암으로 향하였는데, 그날따라 마침 배가 사르르 아픈 것이 자꾸만 방귀가 나오려는 것이었다. 억지로 참고 또 참으며 가다가, 대원암을 10리 남겨 놓은 지점에서 시냇물을 가로 지르는 징검다리를 건너 뛰다 그만 방귀를 뀌어 버리고 말았다.

　'아, 부처님께 불공을 올리러 가다가 방귀를 뀌다니! 가벼

운 방귀 기운이 이미 위로 솟아 쌀로 올라 갔을 것 아닌가?'

방귀 기운이 섞인 쌀로는 공양을 올릴 수 없다고 생각한 아버지는 그 쌀을 도로 짊어지고 집으로 돌아 왔다. 그리고 다른 벼를 손으로 훑어 방아를 찧은 다음, 그 쌀을 새 자루에 넣어 다시 80리 길을 걸어서 불공을 드리러 가셨던 것이다.

스님은 이러한 부모님의 지극정성을 연(緣)으로 삼아 귀중한 생(生)을 받았다. 지금부터 70년 전인 1929년〔己巳年〕 9월 2일(음력 8월 1일) 오시(午時)에, 충청남도 공주군 우성면 동대리 182번지에서 아버지 연안(延安) 김씨(金氏) 봉수(鳳秀)와 어머니 광산(光山) 김씨(金氏) 상남(上男)의 사이에서 태어난 것이다. 부모로부터 받은 이름은 김사의(金思義).

하지만 스님은 어린 시절에 대해, 큰 인물이 될 법한 사람이면 있을 법한 천재적인 이야기를 들려 주신 적이 없었다. 오히려 천진난만한 개구장이가 되어 티없이 자랐고, 온순하고 부모님 말씀 잘 듣는 모범 어린이로 성장하였다.

그리고 기억을 되살려 들려 주신 어린 시절의 이야기는 거의가 불교와 관련된 이야기뿐이었다. 한마디로 일타큰스님 당신은 '전생의 중' 이라는 것이었다.

전생의 중

김사의의 나이 5세가 되었을 때, 사는 마을로 천수경(千手經)을 외우며 동냥을 하는 스님 한 분이 찾아왔다.

74

"정구업진언 수리수리 마하수리 수수리 사바하 …"

사의는 어린 마음에 그 스님의 천수경 외우는 소리가 어찌
나 듣기 좋았던지, 하루 종일 뒤를 졸졸 따라 다녔다. 흥얼흥
얼 스님따라 경을 외우며 윗마을로 아랫마을로 함께 다녔다.
스님은 어린 사의를 기특하게 여겨 엿을 듬뿍 사주면서 '집으
로 가라' 하였지만, 사의는 그 엿을 주머니 여기 저기에 넣고
우두둑 씹으면서 죽자고 따라 다녔다.

또 스님이 꽹과리를 두드리고 춤을 추며 장엄 염불의 끝구
절을 외울 때는, 뜻을 알지도 못했지만 너무도 환희로워 함께
춤을 추면서 외웠다.

원왕생　원왕생　　願往生　願往生
원생극락견미타　　願生極樂見彌陀
획몽마정수기별　　獲蒙摩頂受記別
극락왕생 원하옵고 극락왕생 원합니다
극락세계 태어나서 아미타불 친견하고
마정수기 틀림없이 받게되기 원합니다

원왕생　원왕생　　願往生　願往生
원재미타회중좌　　願在彌陀會中坐
수집향화상공양　　手執香華常供養
극락왕생 원하옵고 극락왕생 원합니다

거룩하신 아미타불 법회장에 함께하여
두손으로 향과꽃을 공양하기 원합니다

원왕생   원왕생   願往生   願往生
원생화장연화계   願生華藏蓮華界
자타일시성불도   自他一時成佛道
극락왕생 원하옵고 극락왕생 원합니다
연꽃으로 장엄하온 극락세계 태어나서
너나없이 모두함께 성불하기 원합니다

　그날 밤 사의는 잠을 자면서도 천수경을 외웠고, '원왕생 원
왕생 …'을 외쳤다고 한다. 이러한 김사의였기에 언제 외웠는
지도 모르게 천수경과 장엄 염불을 다 외우게 되었고, 그 밖
에도 몇 가지 경을 자신도 모르는 사이에 외우고 있었다.
　그뒤 초등학교를 들어 간 지 얼마 되지 않았을 때, 학급의
아이들이 자유롭게 교단 앞으로 나와 장기 자랑을 하는 시간
이 있었다. 사의는 그때 앞으로 나가 춤을 추면서 천수다라니
를 외웠다.
　"나모라 다나다라 야야 나막알약 …"
　사의가 춤을 추면서 이상한 말을 하자 선생님은 물론 아이
들까지 배꼽이 떨어져라 웃었고, 그때 이후 사의의 별명은 '꼬
마 중'이 되었다.

76

스님은 이 이야기를 들려 주시며 이렇게 말씀하셨다.

"내가 전생에 중이었을 때 많이 외웠던 것이었기 때문에 경전 읽는 소리가 너무나 듣기 좋아 하루종일 따라 다녔고, 특별히 외운다는 생각없이 그냥 외우게 된 것이야."

스님은 당신께서 '전생에도 틀림없이 중'이었음을 알고 있었던 것이다. 그래서인지 스님은 법문을 하실 때 당신의 전생에 대한 두 가지 이야기를 종종 들려 주셨다. 그러나 능히 다른 이의 전생을 꿰뚫어 보고 가끔씩 말씀하셨던 스님이지만, 당신의 전생에 집착하지 않아서인지, 직접 체험보다는 다른 이가 말한 것을 인용하셨다.

그 하나는 스님의 나이 26세 때 혜암스님과 함께 오대산 서대(西臺)에서 정진할 때 들었다는 이야기이다.

✿

스님이 오대산 서대에서 혜암스님 · 일구스님과 함께 장좌불와를 하며 정진하고 있을 때, 그 뒷바라지를 무상행(無相行)보살이 하였다. 무상행보살이 양식과 옷과 각종 경비를 보시하였던 것이다.

당시, 서울에는 오신통(五神通)을 얻었다는 점술가가 나타나 이름을 떨치고 있었다. 그는 단 두달 동안만 점을 보아 주고 번 돈으로, 아내에게 가게를 마련해준 다음 산으로 가버렸다고 한다. 이름은 무상행이었지만 다소 상(相)에 집착하는 바가 있었던 보살은 점술가의 소문을 듣고 생각하였다.

'내가 뒷바라지 하고 있는 세 스님이 정말 공부를 잘하여 도인이 될 것인지, 밥만 축내는 이들인지 한 번 물어 보리라.'

무상행보살이 점술가를 찾아 가자 점술가는 탄성부터 터뜨렸다.

"와! 이 보살, 오대산 수좌들에게 양식을 대주는 구먼. 큰 복 짓는 구먼."

무상행보살이 깜짝 놀라며 감탄하고 있을 때 점술가는 말을 이었다.

"혜암스님이 거기 있네? 아, 일타스님도 있구먼. 어? 그런데 등짐 장수는 왜 거기 앉아 있지?"

그리고는 일구스님에 대한 전생담부터 늘어 놓았다.

"일구스님은 전생에 등짐 장수를 했어. 등에다가 옷감이며 소금 등의 생활 필수품을 짊어지고 이 마을로 저 마을로 돌아다니며 팔았는데, 병이 들어 절에 머물게 되었지. 그때 스님들이 죽도 끓여다 주고 병간호도 해주었는데, 죽기 전에 '아, 절은 참 좋은 곳이구나. 다음 생에는 나도 꼭 중이 되어야지' 하는 생각을 가졌다네. 그래서 중이 되기는 하였으나 불연(佛緣)이 없어. 불연이 없는데 어떻게 중 노릇을 잘 할 수 있어. 못해!"

점술가는 이어 혜암스님에 대해 말하였다.

"혜암스님은 전생에 의병 대장을 하셨어. 나라를 위해 좋은 일을 많이 하였고 큰 기개가 있어 공부도 크게 이루고 큰 자리에 앉겠구먼. 하지만 대장 시절에 사람들을 차고 때렸기 때문에 몸 이곳 저곳에 아픈 데가 많을거야."

마지막으로 점술가는 일타스님에 대해 이야기하였다.

"일타스님은 전생 그 전생, 곧 2생 전에 비구니였지. 지극히 총명하여 대장경을 달달 외우다시피 하였는데, 특별히 교화할 데가 없었던 비구니가 그 교학을 써먹을 일이 있었겠나. 그 다음 생에는 비구로 몸을 바꾸어 스님 노릇을 잘하였어. 이번 생에는 대율사 소리를 듣겠구먼."

일타스님은 이 점술가의 이야기가 틀리지 않다고 하셨다. 혜암스님께는 의병대장과 같은 기개와 용맹심이 있을 뿐 아니라, 해인총림 방장·원로회의 의장·종정 등을 역임하는 것도 맞고, 일구스님이 점을 본 뒤 두 달만에 환속한 것도 '불연이 없음'을 증명한 것이라고 하셨다.

그리고 스님 자신도 비구니 시절의 습성이 남아 용맹심이 조금 부족하고, 금생에 경전 공부를 특별히 하지 않았지만 전생 공부 덕분인지 어떠한 경전을 보아도 뜻이 저절로 해득이 된다는 것이었다. 또한 출전이 밝혀지지 않은 게송(偈頌)의 출처를 찾기 위해 대장경을 펼쳐 들면, 묘하게도 예상했던 경전의 품(品)에 그 구절이 바로 나온다는 것이었다. 바로 두 생이전에 비구니의 몸으로 평생토록 경전공부를 한 인연이라는 말씀이셨다.

스님의 전생에 대한 두 번째 이야기는, 비구니로서 공부를 잘하여 숙명통(宿命通:전생을 보는 능력)을 이루었던 선경(禪敬,1904~1996) 스님이 말씀하신 것이었다.

1921년 마곡사 영은암으로 출가한 선경스님은 1929년에 태어난 일타스님을 어릴 때부터 잘 알고 있었다. 선경스님은 출가 이후 몇 년 동안 마곡사 강원의 강사스님이셨던 보경(寶鏡) 스님으로부터 음으로 양으로 지도를 받았는데, 1936년 숙명통을 이룬 후부터 그 보경스님의 후신이 일타스님이라는 말씀을 자주하셨다.

"두 스님은 생김새부터가 너무 닮았어. 특히 일타스님의 부모님은 보경스님을 존경하여 자주 찾아 뵙고 불공도 올리고 시주도 즐겨 하였지. 그 보경스님이 입적하여 일타스님으로 환생한 것이야."

마곡사 강사를 지냈다는 보경스님은 만공(滿空)스님이 '만법귀일 일귀하처(萬法歸一 一歸何處:만법이 하나로 돌아가니, 하나는 어디로 돌아가는가)' 화두를 타파하고 마곡사로 찾아와 고요한 곳에서 더욱 정진하기를 원했을 때, 자신이 살던 암자를 후배에게 내어 주며 공부를 하도록 권했던 분이다. 만공스님은 3년을 이 암자에서 머물면서, '배 고프면 밥을 먹고 잠이 오면 잠을 자며' 내면을 살찌웠다고 한다.

이상과 같은 두 가지 전생이야기를 종합 정리하여 일타큰

80

스님은 말씀하셨다.

"2생 전에 대장경을 달달 외우다시피 했던 비구니는 다음 생에 마곡사 강사가 되어, 전생에 익힌 공부를 펼쳐 후학들을 가르친거야. 그렇지만 강사가 된 것으로 공부가 끝난 것이 아니었기에 다시 원력을 세운 것이지. '다음 생에는 나에게 모자라는 참선 공부를 열심히 하여 도를 이루겠다'고.

나는 전생에 강사를 한 버릇이 남아 있어서인지 누가 어떠한 경전의 내용을 물을지라도 술술 답이 흘러나오고 사람들과 이야기도 잘 하지만, 늘상 마음의 뜻은 참선 정진에 있었고 언제나 화두를 기둥으로 삼으며 살아 왔지. 소질이 있는 것보다는 능숙하지 못한 공부를 꼭 이루겠다고 하는 것! 이것이 바로 전생의 원력이 아니고 무엇이겠느냐."

일타큰스님의 말씀 그대로, 스님은 '전생부터 중' 이었을 것이다. 그리고 한 생 한 생을 원력따라 사시면서 끊임없이 향상의 길로 나아가는 분이셨으리라.

물론 스님이 몇 생 동안 '중 노릇'을 하였는지는 누구도 자세히 알지를 못한다. 하지만 스님을 가까이 접하면서, 틀림없이 '여러 생을 잘 수행하신 승려'였다는 것은 너무나 당연스럽게 느껴졌었다. 주변의 인연은 물론이요 그 품성, 그 말씀, 그 행동 하나하나가, 그야말로 아득한 옛적부터의 스님이었던 것이다.

'전생부터 승려'이셨던 일타큰스님. 이제 스님의 어린 시절을 조금 더 풀어 보자.

재산과 돈이 사람을 괴롭히네

스님은 어린 시절의 일 가운데 두 가지가 특별히 기억에 남는다며 들려 주셨다.

🏵

김사의(일타큰스님)의 집은 큰 부자는 아니었지만, 수십 마지기의 논과 밭이 있었으므로 별로 부족한 것도 없었다. 특히 밭 주위로는 큰 뽕나무가 둘러 싸고 있어, 초여름이 되면 뽕나무 열매인 '오디'가 수도 없이 열렸다.

그때가 되면 어린 사의는 꼬마 대장이 된다. 동네 아이들을 불러 뽕밭으로 출동하여서는 오디를 한껏 따서 양껏 먹여 주었기 때문이다.

사의를 비롯한 아이들은 나무 위로 올라가 오디를 따서 주머니에 넣어 두고 먹었다. 자연, 잘 지워지지 않는 오디의 까만 물이 옷을 더럽힐 수밖에 없었고, 집으로 돌아가면 부모님께 매를 맞으며 꾸중을 들어야만 했다.

하지만 사의를 비롯한 아이들은 다음 날도 그 다음 날도 뽕밭으로 오디를 따먹으러 갔고, 여러 날을 행차하다 보면 밭에 심어 놓은 경작물을 마구 밟아 상하게 하는 일도 많았다.

이렇게 꼬마 대장을 하며 2~3년을 지냈던 사의가 일곱 살이 되던 해 봄에 부모님으로부터 '뽕밭을 다른 사람에게 팔았다' 는 말을 듣게 되었다. 하지만 어린 사의는 '팔았다' 는 말의 정확한 뜻을 알지 못하였다.

'팔았다? 팔면 우리 밭이 아닌가? 그럼 오디를 따먹을 수 없는가? 뭐 어떨까봐. 작년까지도 따먹었는데 …. 이전처럼 가서 따먹어도 되겠지.'

이렇게 생각한 사의는 초여름이 되자 또 다시 동네 아이들을 이끌고 뽕밭으로 향하였고, 모두가 나무 위로 올라가 한참 신나게 오디를 따먹고 있었다. 그때 어디에선가 벼락치는 듯한 소리가 들려 왔다.

"이놈의 손들! 감히 남의 밭에 들어 와서 도둑질을 해? 요놈들, 다리를 몽땅 분질러 놓아야지."

소리가 나는 쪽을 바라 보니 장비 수염에 사납고 심술궂게 생긴 것이 마치 도깨비인 듯한 할아버지가 몽둥이를 들고 달려 오는 것이었다. 순식간에 아이들은 뿔뿔이 흩어져 달아 났고, 사의 또한 얼마나 놀랐던지 뒷동산을 넘어 가서 솔밭 밑에 머리를 박고 숨었다.

하지만 마음은 불안하기 그지 없었고, 가슴은 팔딱팔딱 거세게 뛰었다. 그때 어린 사의는 꼬마답지 않게 생각하였다.

'뽕나무 밭이 사람을 괴롭힐 줄이야. 작년까지 우리 밭이라 신나게 따먹으며 대장 노릇을 하였는데, 주인이 바뀌었다고 도망을 쳐야 하다니! 참으로 세상은 덧없고 허망하고 괴로운

것이구나.'

비록 '무상(無常)'이라는 단어는 몰랐지만, 사의의 어린 마음에 인생무상에 대한 느낌이 비로소 자리를 잡았던 것이다.

❀

그리고 초등학교 2학년이 되었을 때, 사의는 교과서를 사기 위해 어머니로부터 50전짜리 동전을 받아 학교로 갔다. 당시 50전의 동전은 요즈음의 5백원짜리 동전보다 조금 더 두텁고 봉황새 두 마리가 새겨져 있는 것으로, 결코 적은 돈이 아니었다.

사의는 학교에 도착하여 곧바로 아이들과 씨름을 하고, 교실로 들어가 선생님께 책값을 드리려고 주머니에 손을 넣어 보니 동전이 없는 것이었다. 잃어버린 것이다.

2학년 교과서를 다 사고도 남을 돈을 잃어버렸으니, 사의로서는 크게 걱정이 되지 않을 수가 없었다. 매우 당황해하며 선생님께 말씀을 드렸지만, 선생님은 단 한 마디 말 밖에 하지 않으셨다.

"찾아 봐라."

씨름을 했던 곳을 비롯하여 운동장 전체를 샅샅이 찾아 보았지만 그 어느 곳에도 동전은 보이지 않았다. 하는 수 없이 학교를 파하고 집으로 돌아 오는데, 어머니의 화난 얼굴이 눈 앞에 떠올랐다.

'씨름을 하다가 교과서를 살 돈을 잃어 버렸다고 하면 어머니가 호되게 꾸중을 하실텐데…….'

사의는 발길을 돌려 윗동네로 아랫동네로 어슬렁 어슬렁 다니다가, 마을 뒷산에 올라가 집을 내려다 보며 앉아 있었다. 혼자서 이 궁리 저 궁리를 해보아도 뾰족한 수가 없었고 울어도 소용이 없었다. 돈 50전 때문에 이 세상에 나와 처음으로 진하게 근심 걱정을 한 것이다.

마침내 해가 지고 어둠이 깔려 별 도리없이 집으로 향하였는데, 뜻밖에도 큰어머니가 문 앞에 서 있다가 맞아 주시는 것이었다.

"사의야, 어찌 이렇게 늦게 오느냐? 많이 걱정했다."

시골에서 크게 농사를 짓는 큰어머니는 사의가 태어날 때 해산 뒷바라지를 하셔서인지, 여러 친척 아이들 가운데 특히 사의를 좋아하였다. 사의가 큰 집으로 제사를 지내러 갈 때마다, 빵·과자 등을 따로 챙겨 두었다가 몰래 주시던 분이었다.

"아, 큰어머니!"

"오냐, 이놈아."

큰어머니는 사의를 보듬어 안으며, 주머니에서 50전짜리 동전을 꺼내 손에 쥐어 주시는 것이었다.

"와! 살았다."

큰어머니께서 와 계신 때문인지 어머니도 늦게 온 것을 꾸짖지 않았고, 교과서를 살 50전도 다시 생겨 평온을 되찾았지만, 그때 사의는 '돈이 사람을 괴롭힌다'는 것과 '돈이 근심 걱정의 원인이 된다'는 것을 절실히 깨달았던 것이다.

일체유심조(一切唯心造)

일찍부터 물질의 덧없음과 괴로움을 깨달았던 김사의. 그러나 무엇보다도 사의가 성장하면서 가슴 깊이 새겼던 금언(金言)은 '일체유심조'였다. 사의에게 '일체유심조'라는 말을 가르쳐 준 분은 막내 외삼촌인 진우스님이었다.

일본 명치대학을 다녔던 막내 외삼촌은 어린 김사의의 우상이었다. 막내 외삼촌이 사각 모자에 대학생의 정복을 입고 고향인 공주에 나타나면, 모두가 '장래에 군수 한 자리는 맡아 놓은 사람'이라며 공손히 맞이했고, 사의의 학교 선생님도 깍듯이 대하였다.

"일본 땅에 가서 공부를 하시느라 얼마나 고생이 많으십니까?"

그리고는 외삼촌에게 머리를 깊이 숙여 절을 하는 선생님을 보며 사의는 생각하였다.

'야! 우리 선생님이 최고인줄 알았는데, 선생님이 오금을 못 펴시는 것을 보니 우리 외삼촌이야말로 대단한 사람인가 보다.'

그날부터 사의는 막내 외삼촌을 우상처럼 생각하였고, 막내 외삼촌도 일본에서 돌아올 때마다 은단·그림 엽서 등 한국에는 없는 것들을 선물하여 사의를 더욱 경이롭게 만들었다.

그런데 사의가 초등학교 3학년이 되었을 때, 막내 외삼촌은 멋진 대학생 정복 대신 실이 나풀거리는 누더기 승복을 입고, 사각 모자 대신 삿갓을 쓰고 나타났다. 거기에다 금강산을 다녀 오는 길이라며 긴 지팡이까지 짚고 있었다. 우상의 변한 모습. 그 모습이 사의에게는 충격으로 다가왔다.

"외삼촌, 어찌된 일입니까?"

"왜?"

"어찌 이런 누더기를 입고 오셨습니까?"

"사의야, 작년에 본 외삼촌과 금년의 외삼촌이 다르게 보이느냐?"

"예, 다릅니다."

"사의야. 일체는 유심조이니라."

'모든 것이 다 마음으로 만들어진다' 는 일체유심조(一切唯心造). 10세 소년 사의로서는 그 깊은 뜻까지 알 수가 없었지만, 이 다섯 글자를 마음 속 깊이 새겼다. 그러던 어느날 달리기를 하다가 심하게 넘어졌고, 무릎이 심하게 까져 피가 철철 나오고 있었다. 평소 같으면 '앙앙' 소리내어 울었을 것이나, 사의는 벌떡 일어나 무릎을 잡고 염하였다.

"일체유심조, 일체유심조, 일체유심조 ….."

일체가 유심조이므로 아프지 않다고 생각하면 안 아플 것이라며 '일체유심조' 를 외운 것이다. 과연 무릎은 아프지 않았고, 울지 않고도 그 상황을 해결할 수 있었다. 그 뒤부터 사의는 공부·놀이·심부름 등 모든 생활을 일체유심조의 토대위에 행하여 갔다.

일타큰스님은 말씀하셨다.

"일체유심조를 새긴 이후 모든 것이 마음으로 된다는 도리를 차츰 깨닫게 되었고, 그때부터 나의 발심은 시작된 것이야."

어머니 출가하던 날

한편, 김사의가 마음 깊이 일체유심조를 새긴 그해부터 집안에는 큰 변화가 일어나기 시작했다. 사의를 따뜻하게 돌보아 주던 누나가 금강산으로 출가하였고, 그 이듬해에 형님이 해인사로 출가를 한 것이다. 그러자 부모님도 출가를 결심하고 집안을 정리하기 시작하였다.

1940년 찬바람이 부는 정월 어느 날, 어머니가 사의를 부르더니 말씀하셨다.

"사의야, 엄마가 절에 가서 네 형도 보고 누나도 보고 한 철 공부도 하였으면 한다. 딱 한 철만 참선을 하고 올 터인데, 학교 갔다가 돌아 와서 엄마가 없다고 울거나 투정부리지는 않겠지?"

"걱정하지 마세요. 일체유심조인데, 남아대장부가 엄마 없다고 울까봐요? 마음 푹 놓고 다녀 오십시오."

"옳지, 대장부가 역시 다르구나. 장한 내 새끼 …."

어머니는 매우 대견해하고 좋아하셨다. 그리고 며칠 후, 어머니는 남편과 사의의 아침 밥상을 차려 주기 바쁘게 막내 딸을 데리고 집을 나섰다. 절에 간다는 것이었다. 사의가 허겁지겁 아침 밥을 비우고 정거장으로 달려 나가자, 버스를 기다리던 어머니가 물으셨다.

"학교는 가지 않고 왜 나왔느냐?"

"오늘은 공휴일이라 학교에 가지 않아도 됩니다."

그러자 어머니는 새 옷에 새 운동화도 사주시고, 돈도 몇 십 전 쥐어 주셨다. 신이 난 사의는 누이 동생의 손을 잡고 가게로 들어가 과일이며 사탕 · 과자 등을 사주었다.

마침내 9시가 되자 버스가 시동을 걸기 시작하였고, 어머니는 황급히 말씀하셨다.

"사의야, 엄마가 한 번도 먼 길을 가보지 않았기 때문에 군청에서 일하는 종석이 형에게 부탁을 했어. 버스로 대전까지 같이 가서 기차를 태워 달라고. 그런데 종석이 형이 아직도 안 나왔구나. 네가 빨리 종석이 형 집으로 달려 가서 '차가 떠나려 하니 빨리 오라'고 해다오."

실은 종석이 형의 집은 5리 밖에 있었다. 차가 떠나려고 시동을 걸고 있는데, 아무리 빨리 간들 별 수가 있겠는가? 하지만 사의는 자꾸 재촉하는 어머니의 성화에 못 이겨 신발 끈을 졸라 매고 달리기 시작했고, 마침내 형네 집에 도착하여 헐레벌떡 '종석이 형'을 찾았더니, 벌써 자전거를 타고 나갔다는 것이었다.

사의는 다시 정거장으로 향하였다. 땀을 팥죽같이 흘리며 정거장에 이르렀을 때, 그 곳에는 자동차도 사람도 없었다. 텅 빈 정거장뿐이었다.

사의는 어머니가 앉아 있었던 자리에도 앉아 보고, 짐을 놓아 두었던 곳도 만져 보았다. 그러나 모든 것은 텅 비어 있었다. 말로 표현하지 못할 만큼 이상한 감정 ….

떠날 때의 진한 혈육의 정을 이기지 못할까봐 자식에게 거짓말을 시킨 어머니의 심정을 이해하지 못할 바는 아니었지만, 사의는 그렇게 서러울 수가 없었다. 한동안 사의는 빈 정거장처럼 멍한 감정 속에 있다가, 일순간에 울음보를 터트렸다.

"엉- 엉-"

정거장에서 집으로 돌아올 때까지, 그리고 집으로 돌아 와서도 한참 동안을 있는 대로 고래고래 소리치며 울었다. 아, 사랑하는 어머니와 누이 동생은 그렇게 절로 떠났고, 사의는 한없는 슬픔의 눈물을 흘리다가 지쳐 잠이 들었던 것이다.

출 가

어머니가 없는 집안

한 철 동안 참선공부를 하고 온다며 여동생을 데리고 어머니가 떠나간 후 집안은 텅 빈 듯 하였고, 생활도 크게 바뀌었다. 남자 둘뿐인 집안인지라 빨래는 바깥채에 살고 있었던 경자네 어머니가 해주었고, 밥은 주로 아버지인 법진(法眞) 거사가 하였으며, 초등학교 5학년이 된 사의(일타스님)는 아궁이에 불을 지피고 음식을 만드는 것을 도왔다.

특히 즐겨 먹었던 음식은 김치볶음밥이었다. 김치를 잘게 썰어 후라이팬에 놓고 들기름을 부어 들들 볶은 다음 밥을 넣고 볶아 먹는 일이 다반사였다. 별다른 반찬이 필요하지 않았기 때문이다. 그리고 김치찌개도 자주 만들어 먹었다.

또한 사의의 도시락 반찬은 언제나 마른 명태장아찌였다. 어머니는 떠나시기 전에 마른 명태를 얇게 찢어 고추장에 버무려 놓으셨다. 한 양동이나 되었던 그 명태장아찌는 사의가 초등학교를 졸업할 때까지의 도시락 반찬이 되고 말았다.

한 철 공부하고 돌아오신다던 어머니! 철없는 사의는 언젠가는 어머니가 돌아올 것이라 믿고, 누가 욕을 하거나 마음을 아프게 하면 '우리 어머니가 돌아오면 일러 줄거라' 며 차곡차곡 일기장에 써놓기까지 하였다.

어머니가 돌아올 것이라는 믿음은 사의에게만 있었던 것이 아니었다. 아버지 법진거사 또한 차마 출가를 하였으리라고는 생각하지 않았으므로, 사의에게 구체적인 표현은 하지 않았지만 은근히 기다리고 또 기다리셨다. 밤이 되면 사의는 학교 숙제를, 아버지는 주로 좌선을 하셨는데, 가끔씩 아버지가 좌선을 하다 말고 물으셨다.

"네 어머니 있는 데가 어디라고?"

"문경 대승사 윤필암이래요."

"윤필암? 그 편지가 언제 왔지?"

"며칠 되었어요."

"네 어머니 언제 돌아온다는 소식은 없더냐?"

"예."

이렇게 느닷없이 어머니의 소식을 묻고는 다시 좌선을 하는 것이었다.

시간이 지나자 어머니가 사의에게 보내는 편지의 내용도 차츰 바뀌어갔다. 처음에는 '아버지 모시고 잘 지내라', '공부

열심히 하라'는 등의 내용이었다가, '세상은 다 허망한 것이
다. 너도 학교를 졸업하고 출가를 해야 한다', '출세 중에서
최고의 출세는 부처님이 되는 것'이라는 등의 출가를 유도하
는 내용으로 바뀌었다.

보고 싶은 어머니! 하지만 어머니는 이렇게 가끔씩 편지만
보낼 뿐, 한 철이 지나도 두 철이 지나도 돌아오지 않았다. 완
전히 출가를 해버린 것이었다.

그러던 어느 날, 사의가 학교에서 돌아오자 옷을 곱게 차려
입은 30대 여자가 마루에 걸터 앉아 있었다. 그녀는 집으로
들어서는 사의를 멀거니 쳐다보다가 말을 걸었다.

"네가 바로 사의냐?"

"예, 그런데 어떻게 오셨지요?"

"아버지는 어디 가셨지?"

"모르겠는데요?"

그때 마침 아버지께서 돌아오셨고, 아버지는 여자를 힐끔
보더니, 방으로 들어가 버렸다. 여인은 방 밖에서 아버지에게
물었다.

"저녁 밥 안하시오? 내가 저녁 지을까요?"

아버지는 대꾸도 하지 않았고, 처음 보는 여인이 저녁밥 이
야기를 하는 것을 보고 사의는 건방스럽고 밉상스러운 생각
이 들어 톡 쏘아붙였다.

"아주머니는 우리와 어떻게 되는 사이입니까? 아무런 관계

도 아니라면 그만 가세요."

여인은 잠시 더 머뭇거리며 아버지에게 몇 마디의 말을 더 붙였으나 대꾸조차 없자 민망한 듯이 가버렸다. 그때서야 사의는 물었다.

"아버지, 누구예요?"

"너는 몰라도 된다."

"누구냐니까요?"

"네 할아버지가 보낸 사람이야."

"할아버지가 왜요?"

"왜는 무슨!"

나중에 안 사실이었지만, 할아버지가 아내 없이 자식을 돌보며 사는 아들을 걱정하여 그 여인에게 부탁을 한 것이었다. 그 집은 재산도 넉넉하니, 찾아가서 서로 마음이 맞으면 밥이나 해주며 살라고…. 하지만 아버지는 그 여인을 무언으로 뿌리치셨다. 그때 이미 사의의 아버지인 법진거사는 출가를 결심하고 있었고, 사의 또한 출가의 날이 다가오고 있음을 은근히 감지하고 있었던 것이다.

출가

아버지와 밥을 해먹으며 2년 가까이를 지낸 1942년 3월, 사의는 마침내 공주본정공립보통학교를 졸업하였고, 졸업하기가 바쁘게 둘째 외삼촌인 영천(靈泉) 스님이 집으로 찾아왔

94

다. 아버지 법진거사는 집안의 해결사인 영천스님과 함께 방
으로 들어가 한동안 대화를 나누더니, 집과 논을 일시에 팔아
정리한 다음 사의에게 말하였다.

"사의야, 가자."

"어디로요?"

"네 엄마가 있는 절로…."

영천스님과 법진거사와 사의는 꼭 필요한 살림 일부를 세
등분하여 짊어지고 사람들이 왕래하지 않는 새벽에 집을 빠
져나와 대전까지 백리 길을 걸었다. 자갈밭이었다. 대전에서
특급열차를 타고 대구에 도착하여 대성사에서 하루 저녁을 묵
은 다음 날, 세 사람은 마차를 타고 동화사 내원암(內院庵)에
당도하였다.

2년만에 만나는 어머니! 사의는 피로함도 잊은 채 내내 어
머니를 생각하며 따라 갔었다.

'어머니를 만나면 품에 와락 뛰어들어야지. 틀림없이 나를
꼭 안아주시며 대견해 하실거야.'

마침내 사의는 어머니를 만났다. 그러나 머리를 깎고 승복을
입은 어머니는 그토록 그리던 어머니의 모습이 아니었다. 인물
잘 생기고 말 잘하고 똑똑하고 굉장히 크게 느껴졌던 그 어머
니가 아니었다. 키도 조그마하고 인물도 옛 같지가 않았다.

더욱이 어머니의 태도는 사의를 크게 실망시켰다. 다시 만
나면 일기장부터 보여드리고 그동안 있었던 일을 다 털어놓

고자 했던 그 어머니가 품에 보듬어 주거나 따스한 미소로 맞아주기는커녕, 2년만에 큰 절을 올리는 아들에게 단 한마디만을 던졌다.

"많이 컸구나."

어머니는 '가까이 와보라'거나, 아들의 이름을 다정스레 불러주지도 않았다. 냉정하기 그지없는 어머니. 정을 떼려고 그렇게 행동하는 어머니에 대한 사의의 섭섭함은 이루 말할 수 없었다.

'무슨 엄마가 저래.'

일전에 집을 떠날 때도 그렇게 이상하게 가더니 2년만에 만난 아들에게 너무한다는 생각이 울컥 치밀었다. 그러나 어머니는 사의의 감정은 아랑곳하지 않고 아버지에게 몇 마디 묻고는, 아버지로부터 재산을 처분한 돈을 받아 분배를 시작하였다.

"출가를 하여도 돈은 있어야 하니 공평하게 분배하십시다."

"그렇게 하구려."

"사의는 보통학교를 졸업하여 중학교에 가야 하니 논 다섯 마지기 값, 그리고 막내 쾌성이는 보통학교도 입학하기 전에 출가하였으니 논 여덟 마지기 값, 그리고 응민이와 월현이는 공부할 일도 없으니 각각 논 세 마지기 값을 주면 될 것입니다. 그리고 당신과 나는 집을 판 돈을 나누어 가집시다."

"그렇게 하구려."

재산 분배가 끝나자 어머니는 사의를 돌아보며 말하였다.

96

"너는 이제 중학교를 가야 한다. 양산 통도사에서 운영하는 중학교에 다니도록 하여라."

"예."

"공부 열심히 해야 한다. 알겠느냐?"

"예."

대답이 떨어지자 어머니는 사의의 상의를 벗도록 하여 논 다섯 마지기 값에 해당하는 8백원을 양복 안감 속에다 넣고 바느질을 하셨다. 그리고는 엄히 당부하셨다.

"지금부터 내 말을 잘 새겨 들어라. 양산 통도사에서 20리 가량 떨어진 곳에 내원사(內院寺)라는 절이 있는데, 그곳에 외할아버지이신 추금스님이 계신다. 그 내원사까지는 너 혼자 가야 하고, 내원사에 도착하면 외할아버지께서 너를 통도사로 데려다 주실 거다. 너는 외할아버지를 뵈올 때까지 돈을 넣은 곳을 쳐다보지도 말고 만져보지도 말아야 하며 옷을 벗어서도 안 된다. 누가 뭐라 해도 옷을 벗지 말고, 외할아버지 앞에서 다른 사람들이 안 볼 때 윗도리를 벗어드려야 한다. 알겠느냐?"

"예."

"이제 여기를 떠나 양산 내원사에 이를 때까지, 계속 '관세음보살'을 부르도록 하여라. 그럼 관세음보살이 네 뒤를 따라가며 보살펴 주실 게다."

그리고는 내원사까지 가는 길을 자세히 일러 주셨다. 모든 이야기가 끝나자 세 사람은 대구까지 함께 나와, 아버지는 수덕사로, 어머니는 윤필암으로, 사의는 양산 내원사로 향하였다.

흔히들 고승의 출가에는 그럴듯한 출가 동기가 있기 마련이다. 인생무상을 깊이 체험하였거나 사랑의 큰 상처, 또는 부모를 모두 잃는 등의 비극, 대도를 성취하겠다는 결심 등이 그것이다. 그러나 일타큰스님의 출가에는 그럴듯한 동기가 없었다. 가족 · 친족 모두가 출가자의 길을 떠났기에, 스스로의 의지와는 상관없이 어쩔 수 없이 출가를 하게 된 것이다.

부모와 헤어진 사의는 경부선을 타고 물금역에 내려, 양산읍에서 양조장을 하는 하선생 집까지 20리를 걸어가 잠을 청하였다. 옷을 입은 그대로, 입으로는 계속 '관세음보살'을 외우며 ….

이튿날 양산읍에서 신평으로 가는 버스를 타고 중방내에서 내려 10리를 걸어 들어가자 내원사가 보였고, 그곳 선원에서 정진하고 계신 외할아버지 추금스님을 뵙게 되었다.

어머니와는 대조적으로 외할아버지는 다감하게 사의를 맞아주셨고, 사의는 그러한 외할아버지가 너무도 좋고 반가웠다. 사의는 고향인 공주를 떠난 며칠만에 처음으로 포근한 잠을 잘 수 있었다.

이튿날 아침, 외할아버지는 사의를 불러 훈련을 시켰다.

"사의야, 네 스승이 될 스님이 '무엇 때문에 중이 될려고 하느냐?'고 물으시면, '견성성불(見性成佛)하기 위해 중이 되고

98

자 합니다'고 대답을 해라. 그리고 '견성성불해서 뭣하려느
뇨' 하고 물으시면, '일체중생을 제도하기 위해 견성성불을
하려 합니다'고 답해야 한다."

"예."

"이제 통도사로 가자꾸나."

사의는 20리 길을 걸어 통도사를 가면서, 외할아버지인 추
금스님께 계속 이야기를 하였다. 고향에서 어머니가 떠난 다
음 있었던 일, 남아 있는 친척들 이야기 등 끊이지 않고 말을
하였다. 추금스님은 묵묵히 이야기를 잘 들어주시다가 통도
사 입구의 신평다리에 이르러 말씀하셨다.

"사의야, 너는 말이 너무 많구나. 절에서는 꼭 할 말 외에는
삼가야 하느니라. 특히 어른들에게는 묻는 말에 답을 하는 외
에 함부로 말을 늘어놓아서는 안 된다. 대저, 말이 많은 이는
실천이 적은 법이다. 말을 삼가면 네 건강에도 좋고 공부도 잘
되지만, 말이 많으면 잡된 일에 휘말리게 되고 공부도 제대로
못하게 된다. 꼭 명심하도록 해라."

또 얼마를 걷다가 외할아버지는 말씀하셨다.

"사의야, 네가 지금까지는 부모 밑에서 살았지만, 오늘부터
는 완전히 남의 집에 가서 사는 거다. 완전히 성도 다르고 생
각도 다른 사람이 모여 사는 곳이니까 항상 조심을 해야 한다.
저 일본사람들은 고용인을 둘 때, 그 고용인이 정직하고 진실
한 사람인가를 시험하기 위해 길에 돈이나 만년필·시계 등

의 좋은 물건들을 놓아 둔단다. 그것을 주워 주인에게 주는가 자기가 갖는가를 보고 정직한가 그렇지 않은가를 살피는 것이지. 너도 이제는 완전히 다른 스님 밑에 가서 사니까 조심해야 한다. 네 것이 아니면 돈이든 물건이든 절대로 갖지 말고, 반드시 네 스님께 갖다드리고 말씀드리도록 하여라. 필요한 것이 있으면 스님께 말씀드려 달라고 하고 ….”

사의는 은근히 겁도 나면서 ‘아! 그렇구나’ 하는 생각이 들었고, 그것이 한 평생 중의 첫 번째 좌우명이 되었다.

사의는 첫 번째 좌우명을 가슴 깊이 새기면서, 할아버지의 인도로 은사스님이 되실 당대의 대강사 고경 법전스님을 뵈옵고 인사를 드렸다.

고경노스님. 일타스님은 어린 시절 부모를 대신하여 보살펴주신 고경노스님에 대한 애정이 남달리 깊었기에 말씀을 자주하셨고, 고경스님의 참 면모를 알리고자 나에게 그 분의 일대기를 쓰게 하신 일도 있었다. 그와 같은 일타큰스님의 뜻을 되살려, 여기에서는 고경노스님에 대해 조금 상세히 언급하고자 한다.

은사 고경스님

“옛 거울 가운데의 호한이여〔古鏡中之胡漢〕.”

이능화(李能和) 선생은 우리나라 최대의 불교 역사 책인《조선불교통사 朝鮮佛敎通史》를 발간하면서, 대선사 · 대법사로

널리 알려진 당대의 대표적인 고승들을 간략한 평과 함께 수
록하였다.

'옛 거울 가운데의 호한이여.'

이 짧은 글은 이능화 선생이 고경 법전(古鏡法典) 큰스님을
평한 글이다. 오랑캐는 오랑캐로, 한인은 한인으로, 모든 것
을 있는 그대로 받아들이는 옛 거울과 같은 분이 고경스님이
라고 하신 것이다.

이능화 선생이 《조선불교통사》를 발간한 해는 1918년. 이
때 고경큰스님의 나이는 36세였다. 고경큰스님은 불과 36세
의 나이로 전국의 유명 고승들의 대열 안에 당당히 자리를 잡
고 있었던 것이다.

고경스님은 고종 20년인 1883년〔癸未年〕 8월 13일, 경상
남도 울주군 삼남면 작하리에서, 아버지 윤성각(尹性覺)과 어
머니 신씨(申氏)로부터 귀중한 생을 받았다. 파평윤씨(坡平尹
氏) 집안의 차남으로 태어난 것이다.

어린 시절, 한없이 착하였을 뿐 아니라 예의범절도 어린아
이답지 않게 발라 주위 사람들의 아끼는 바가 되었다. 다만 평
범한 농부의 집안에서 태어난 관계로 총명을 일깨우는 공부
를 할 수가 없었다.

12세에 아버지가 돌아가시자, 남은 가족 모두는 전답 몇 마
지기에 매달려 힘겹게 살아가는 어려움을 겪어야만 했다. 아
버지가 없는 세상, 그리고 집안의 가난. 이것은 소년이 집을

떠나야 하는 인연이 되었고, 결국 절을 찾아 의탁하는 삶이 열리게 된 것이다.

1896년, 스님은 14세의 나이로 고향에서 가까운 대본산 통도사(通度寺)로 출가하여, 혼응기연(混凝琪衍) 대사를 은사로 모시고 법전(法典)이라는 법명을 받았다.

스님은 공부를 배우는 것이 그렇게 좋을 수가 없었다. 경을 보고 배우는 그 자체가 기쁨이었고 크나큰 행복이었다. 그 중에서도 스님은 특히 《화엄경》이 좋았다. 부처님의 깨달으신 경지, 그 깨달음의 세계를 곧바로 나타내었다는 《화엄경》을 외우면 가슴 저 밑바닥까지 후련해지는 느낌이었다. 스님은 80권의 방대한 《화엄경》을 모두 외우다시피 하였다.

그야말로 스님의 경 공부는 삼매(三昧) 속에 있었다. 경을 대하면 쉽게 몰아(沒我)의 경지로 접어들었다. 어느날 스님은 통도사 백련암(白蓮庵)에서 경을 읽으며 붓으로 글씨를 쓰고 있었다. 열심히 읽고 쓰다가 문득 배고픈 생각이 나서 일어서는데, 주위가 칠흑같은 어둠에 둘러싸여 있었다. 스님은 날이 어두워지는 줄도 모른 채 경을 보며 글을 쓰고 있었던 것이다.

분명, 배고픔을 느끼기 전까지 경전의 글자는 너무나 또렷하게 보였고, 써내려 간 글자는 한 치 한 획의 비뚤어짐 없이 단정하게 쓰여져 있었다. 사람들은 이를 불가사의라고 했다. 그러나 스님은 삼매 속에서 불가사의한 일을 체험하셨던 것이다.

경만 보면 신명이 났던 스님, 밤을 새워 경 읽기를 수 없이

하였던 스님, 경을 읽고 쓰다가 삼매에 들어 어둠이 찾아온 것
조차도 몰랐던 스님의 학인 시절이 있었기에, 스님은 26세의
젊은 나이로 경과 율을 남김없이 통달하여 불지종가(佛之宗家)
통도사의 대강백(大講伯)으로 추대(推戴)될 수 있었던 것이다.

1918년, 나이 36세가 되었을 때 스님은 선찰대본산(禪刹大
本山) 범어사(梵魚寺) 강원으로 자리를 옮겨 학인들을 가르쳤
다. 당시 범어사는 일제강점기의 우리나라 불교계를 활성화
시키는 중심도량의 역할을 하였으며, 많은 수도승들이 참된
깨달음을 얻고자 범어사로 찾아오던 시절이었다. 이러한 때
에 스님은 범어사로 초빙되어 눈밝은 학인들을 가르쳤고, 그
후 범어사에 머물면서 활동한 고승들의 대부분은 이때 스님
으로부터 가르침을 받았던 분이었다고 한다.

뿐만 아니라, 스님은 당시의 절집안에서 남북 2대 강사의
한 분으로 추앙받고 있었다. 금강산 유점사의 북방대강사 김
일우(金一愚) 스님과 함께 '남방대강사(南方大講師)'로 일컬
어졌던 것이다. 그리고 박한영(朴漢永) 스님 등과 함께 전국
의 7대 강사로서 이름을 떨쳤었다.

범어사로 옮겼던 스님은 2년 뒤 다시 통도사로 돌아왔고,
41세 때인 1923년부터 통도사 금강계단(金剛戒壇)의 전계대
화상(傳戒大和尚) 및 교수대화상(敎授大和尚)이 되어 수많은
불자들에게 보살계와 구족계(具足戒)를 주었다.

40세가 넘은 스님은 대강사로 대율사로 대법사로서 인연

있는 중생들을 교화하였다. 명리승(名利僧)이나 권승(權僧)이
되기는 지극히 싫어하였지만, 진리를 듣고자 하는 사람이 있
으면 언제나 그들을 위해 법의 문을 열어보이셨다.

특히 증곡(曾谷) 큰스님 등과 함께 화엄산림법회(華嚴山林
法會)를 수십 차례 열었으며, 일제강점기 서울의 대표적인 포
교당 가운데 하나인 사간동 법륜사(法輪寺)에서 설법하여 많
은 사람들을 깨우쳤다. 당시 박대륜(朴大輪) 스님은 모두 17
대에 이르는 대법사스님을 법륜사로 초빙하여 큰 법회를 열
었는데, 스님은 제4대와 제8대의 두 차례에 걸쳐 크게 설법 ·
교화하였다.

스님은 평생 경읽기를 즐기셨다. 환갑의 나이에도 불경을
즐겨 외우셨다. 불도 켜지 않은 방에서 밤이 새도록 《화엄
경》·《지장경》 등을 외우시곤 하셨다. 소리를 높였다가는 낮
추고 낮추었다가는 높이면서 신명스럽게 독송을 하면, 대중
들은 잠자리에 누워 그 독경 소리를 듣다가 자기도 모르는 사
이에 잠이 들어버리곤 하였다.

"경만 보면 신바람이 나는 스님."

고경큰스님은 이렇게 불경을 벗삼아 일생을 보내셨고, 마
음 속에 불경의 진리가 가득한 분이었기에 어떠한 명예로운
자리에도 관심을 두지 않으셨던 것이다.

일타스님은 말씀하셨다.

"진정, 나에게 우리 스님의 가장 두드러진 특징을 들라고

하면 권세 '권(權)' 자에 대해 너무나 무심하였다는 점을 꼽고
싶다. 스님은 권세와 관련되면 그 어떤 일에도 나서기를 좋아
하지 않으셨지."

"나는 인천권(人天權)이 없어 앞장을 못선다."

앞장 서기를 싫어했던 고경스님은 언제나 이 말로써 핑계
를 삼았던 것이다.

한번은 강원의 학인들이 큰 서첩을 만들어 고승들의 붓글
씨를 받았다. 증곡(曾谷)·구하(九河)·몽초(夢草)·경봉(鏡
峰) 등 통도사의 고승들이 모두 글을 남겼지만, 스님은 글쓰
기를 기어이 마다하셨다. '자취를 보고 누가 더 잘 썼다, 못
썼다는 시비를 후세인에게 남겨주는 것이 옳지 않다' 는 생각
에서였다.

특히 스님은 명리에 편승하는 것을 싫어하셨다. 평생 동안
명리와 관계되는 일은 가까이 하지 않았다. 1945년 11월 26
일. 통도사에서는 광복 후 제1대 주지 선거가 있었다. 그때 사
중의 스님들은 의논하였다.

"주지를 총독부에서 인가하도록 되어 있는 사찰령(寺刹令)
으로 말미암아, 일제 36년 동안 반관권주지(半官權住持)가 선
출되어 사찰을 좌지우지하고 재산을 낭비하는 일이 많았다.
이제 해방이 되었으니 권력을 쓰는 주지가 아니라 중노릇 잘
하는 도덕주지(道德住持)를 뽑아야 한다."

이와 같은 결의와 함께 고경스님을 만장일치로 선출하였다.

금강산 유점사, 가야산 해인사와 함께 전국의 3대 사찰로 꼽혔던 영축산 통도사의 주지 자리는 매우 격이 높아, 역대로 주지를 선출할 때마다 치열한 표경쟁이 있기 마련이었다. 그런데 출마조차 하지 않은 스님이 '만장일치의 도덕주지'로 선임된 것이다. 그러나 스님은 고사하였다.

"나는 인천권이 없어 주지를 못합니다. 일제강점기에는 일본말을 할 줄 몰라 주지를 못하였고, 이제 해방이 되었으나 미군정시대가 되었으니, 영어를 할 줄 모르는 내가 주지를 맡아서야 되겠습니까? 다른 분을 모시도록 합시다."

스님이 거듭거듭 사양하였지만, 대중들은 통도사를 이끌 도덕주지로서 스님이 가장 적격이라며 통과시켜 버렸다. 묵묵히 방으로 돌아온 스님은 시자인 일타에게 일렀다.

"경주를 다녀 오마. 누가 찾거든 경주 갔다고 해라."

그 길로 스님은 바랑을 챙겨 훌쩍 떠나셨다. 산중의 스님들이 여러 차례 찾아왔으나 스님이 돌아오지 않자, 대중들은 '스님의 성품이 그러하니 어쩔 수 없다' 하고, 11월 28일에 다시 회의를 열어 다른 스님을 주지로 선출하였다.

그뒤 경주에서 돌아오신 스님은 1945년 섣달 그믐날, 거처를 안양암(安養庵)으로 옮겼다. '조용한 곳에서 공부를 하며 말년을 회향해야겠다'는 것이었다.

그곳에서 스님은 조용히 안거하시다가, 1946년 정월 중순에 미질(微疾)을 보이셨다. 병을 보인 지 3일 동안, 스님들이

106

병문안을 오면 그들에게 세세한 당부의 말씀을 남겼다.

"화합이 제일이니 싸우지 말아라."

"공부를 착실하게 해라."

"부시런히 정진하여라."

그러나 발병한 지 나흘째가 되자 스님은 내세를 위한 발원을 시작하셨다.

"내세에는 결정코 참선을 하겠다."

이것이 평생 강경(講經)을 하신 스님의 마지막 회향이었다.

"내세에는 결정코 참선정진하리라. 그리하여 견성하고 도를 통달하여〔見性達道〕 생사를 해탈하리라."

노스님은 3일 동안 내생의 삶을 향해 회향하다가 발병한 지 6일째되는 날인 정월 27일에 문인들을 모아 놓고 당부하셨다.

"세간에서 잘들 살아라. 세상의 일이란 그림자나 메아리와 같고, 인과는 분명한 것이어서 조금도 에누리가 없는 것이니라〔好住世間 猶如影響 因果分明 毫無間錯〕."

그리고는 조용히 눈을 감고 내세(來世)를 발원하시며, 그대로 입적하셨다. 세수(世壽) 64세, 법랍(法臘) 50세였다.

은사스님 밑에서

고경노스님의 제자가 된 일타스님은 1942년 초부터 노스님이 열반에 드신 1946년 정월까지 만 4년을 시자 노릇을 하면서 현재의 보광고등학교 전신인 통도사립중학교를 다녔다.

고경노스님은 매우 자상한 분이셨다. 중학교를 다니는 4년
동안, 일타스님은 돈을 학교에 가져가 본 적이 한번도 없었다.
통도사립중학교에서 한문을 가르쳤던 고경노스님이 공납금 등
학교에서 필요로 하는 돈을 언제나 미리 내어놓았기 때문이다.

또한 대동아전쟁으로 고무신 한 켤레 사기가 힘든 시절이
었지만, 은사스님의 배려로 일타스님은 가장 좋은 양복에 최
고급품의 운동화 · 가방 · 학용품 등, 부잣집 아이들보다 더 좋
은 것을 지닐 수 있었다. 언제나 필요한 것을 미리 생각하여
마련해 주었기 때문에, '스님, 무엇이 필요합니다' 라는 말을
할 기회조차 없었다고 한다.

그러나 조금만 잘못하는 일이 있으면 은사스님은 벼락불 같
은 호통과 함께 사정없이 뺨을 때렸다. 중학생 나이의 청소년
이 세속과는 다른 절 집안에 와서 철없는 행동을 하거나 법도
를 몰라 잘못을 저지르는 경우는 허다한 법이다. 하지만 은사
스님은 이를 용납하지 않았다. 사정없이 꾸짖었고, 어떤 날은
하루에 뺨을 몇 차례나 맞은 때도 있었다.

어린 사미승 일타로서는 이것이 가장 불만스러웠는데, 생
일이 되자 고경노스님께서 손수 찰밥을 짓고 칼국수를 만들
어 주셨고, 그때 쌓였던 불만이 눈 녹듯이 사라졌다.

'아, 나의 은사스님이시구나.'

그 후부터 사미승 일타는 은사스님에 대해 깊은 정을 느껴
정성을 다해 모셨다. 그리고 스스로에게 맹세하였다.

'내가 어른이 되어 시봉을 두게 되면 궂은 일을 시키지 않고 때리지도 않으리라.'

이러한 어린 시절의 맹세가 있어서인지, 일타큰스님은 상좌를 1백 명 넘게 두셨지만 공부를 하지 않는 것 외에는 여간하여 꾸중하시는 일이 없었다. 그리고 방청소·빨래·이부자리 정돈도 손수하셨는데, 시자가 대신하려 하면 미소를 지으며 말씀하셨다.

"이것도 수행이야."

그리고 고경노스님은 사미승 일타에게 매우 밝은 경우와 남의 사정을 잘 보살펴 주는 보살의 면모를 깨우쳐 주셨다.

일반적으로 고승이라 하면 모든 것에 무애(無碍)하여 사소한 일에 마음을 쓰지 않는 것처럼 인식되고 있지만, 고경노스님은 그 점에 있어 독특한 면모를 보이셨다. 아는 사람이 죽으면 반드시 문상을 갔고, 아프다는 전갈이 있으면 병문안을 잊지 않았다. 또한 가난하고 비참한 환경에 처한 이가 있으면 남몰래 그들을 도와주셨다.

뿐만 아니라, 노스님이 경우가 바르고 여물다고 하여, 사람들은 일본인이 경영하는 은행보다 스님에게 돈을 맡기는 일이 많았다. '스님은 은행보다 더 분명한 분이니, 잘 간직하였다가 다음에 달라'는 것이었다.

제자인 일타스님에 대해서도 마찬가지였다.

일타스님은 출가할 때 은사스님께 8백원을 맡겼고, 손님들이 준 돈도 모두 은사스님께 드렸는데, 노스님께서 입적하신 다음 우연히 본 스님의 메모장에는 돈을 드린 날짜와 금액, 총계 '860원'이라는 기록이 촘촘히 적혀 있었다.

출가할 때 '네 것이 아니면 돈이든 물건이든 절대로 갖지 말라'고 하신 외할아버지의 말씀과 경우 바른 은사스님 밑에서 자란 덕분인지, 일타스님은 평생 돈에 대해 너무나 담백하게 사셨고, 도(道)로써 돈을 쓰며 사셨다.

사미승 때에도 역시 마찬가지였다. 법당에 불전(佛錢)이 놓여 있으면 꼬박꼬박 은사스님께 갖다 드렸고, 어른들이 와서 주는 1전 · 2전 · 10전 · 50전 등의 용돈이나 심부름값도 따로 모으지 않고 모두 은사스님께 맡겼다. 그러한 사미승 일타에 대해 고경노스님은 다른 이들에게 늘상 자랑을 하셨다.

"저 애는 세 가지 신통한 점이 있어요. 첫째는 돈을 몰라요. 돈에는 전혀 욕심이 없어. 둘째는 아프지를 않아요. 절에 와서 이때까지 아파 본 적이 없어. 셋째는 자기 집에 갈려고 하지를 않아. 부모님을 뵈러 가겠다고 하지를 않아요."

이렇게 일타스님은 기특한 사미승으로서, 은사스님을 시봉하고 중학교를 다니며 특별한 일없이 출가 초기 4년을 보내셨다. 그리고 1946년 정월에 은사스님이 입적하자, 18세의 나이로 본격적인 수행의 길에 들어서게 된다.

참선 입문

선방을 찾아서

1946년 정월, 당대의 대강사였던 은사 고경스님은 입적하시기 전 며칠 동안 옆에서 시봉하는 일타스님에게 수십 번도 더 당부하셨다.

"일타야, 너는 나처럼 강사가 되지 말고 선사(禪師)가 되어야 한다. 꼭 참선정진 잘하여 대도인이 되어라."

은사스님이 입적하시자, 주위에서는 선방으로 가기 전에 강원(講院)에 들어가 이력(履歷;강원에서 여러 가지 불경을 배우는 교육과정)을 마치는 것이 순서라고 하였지만, 일타스님은 강원에 입학할 마음이 일어나지 않았다.

평생을 강사 노릇한 은사스님이 오죽하였으면 '선사가 되어야 한다'고 거듭거듭 당부를 하였겠는가? 또, 사미승 일타의 평소 생각도 강사보다는 선사 쪽으로 기울어 있었다.

실로 일타스님은 출가한 이후 5년 동안 은사스님을 모시고 살았지만, 마음으로는 강사이신 은사스님보다 선사이신 극락암의 경봉(鏡峰) 스님을 더 따랐었다. 모자 쓰고 두루마기 입고 반짝이는 구두에다 영국 신사들이 들고 다니는 지팡이를 짚고 다니는 은사스님보다는, 누더기 장삼을 입고 수좌들과 함께 참선정진하는 경봉스님이 훨씬 더 멋있어 보였다.

그리하여 사미승 일타는 은사스님이 출타하시면 극락암으로 뛰어올라가 경봉스님께 법문도 듣고 질문도 던졌다.

"스님요, 저도 참선할 수 있습니까?"

"그래, 참선할 수 있다. 해라."

"조주스님의 '무(無)' 자 화두 할까요?"

"오냐. 무자 화두 해라."

또 여가가 나면 극락암으로 달려가서 경봉스님께 여쭈었다.

"스님께서는 '시심마' 화두를 많이 권하시던데, 저도 시심마 화두 할까요?"

"오냐. 시심마 화두 해라."

그렇게 극락암을 오르내리며, 이 화두 저 화두에 대해서 묻자, 하루는 경봉스님께서 말씀하셨다.

"일타야, '참선은 늙은 쥐가 쌀뒤주를 뚫듯이 해야 한다'는 말을 너는 들어보았느냐?"

"예."

"쥐가 쌀뒤주를 뚫을 때 한 군데만 자꾸 뚫어야지, 여기 뚫었다가 저기 뚫었다가 하면 어떻게 되겠느냐?"

"쌀뒤주를 못 뚫습니다."

"화두도 마찬가지다. 조주 '무' 자면 조주 '무' 자, 시심마면 시심마, 한 가지만을 잡고 뚫어나가야 한다."

사미승 일타는 '그렇겠다', '맞다'는 생각이 들어 그때부터 간간히 '시심마(是甚麼)' 화두를 들었다. 그런데 화두에 대해 제대로 가르침을 받지 못해 시심마의 한문을 '이 시(是)·마음 심(心)·어찌 하(何)' 자로 생각하여, '이 무엇고?' 곧 '이 몸을 끌고 다니는 주인공이 무엇인고?' 하는 시심마 화두를 '이 마음이 무엇인고?' 하며 들었다.

어릴 때부터 '모든 것이 마음 먹기에 달렸다'는 일체유심조(一切唯心造)의 법문을 좌우명처럼 여겼던 일타스님이었기에, 시심마를 '이 마음이 무엇인고'로 제 나름대로 해석한 것이다. 스님은 2~3년 동안 틈틈이 참선을 하였다. 그리고 화두에 대한 잘못된 해석은 뒷날 선방에 가서 깨닫게 된다.

이렇게 참선에 대해 관심이 많았던 스님이었기에 통도사에 남아 강원에 다니기보다는 선방에 가기를 갈망하고 있었다. 그때 은사스님의 49재에 참석하기 위해 둘째 외삼촌인 영천(靈泉) 스님이 오셨다. 반가운 마음에 '선방에 갔으면' 하는 이야기를 하고 있는데, 은사스님의 입적 이후 절살림을 맡고 있던 둘째 사형 동화스님이 열 개도 더 되는 열쇠꾸러미를 허리춤에 차고 '철거덕' 거리며 지나가는 것이었다. 그러자 영천스님이 물으셨다.

"일타야, 저 쇳대뭉치를 보니 무슨 생각이 나느냐?"

"예"

순간 스님은 《자경문 自警文》 속의 한 구절을 떠올리면서 결심을 굳혔다.

재물 쌓고 색 밝히면 염라대왕 감옥 열고

청정행자는 아미타불 연화대로 모셔가네

利慾閻王引獄鎖　淨行彌陀接蓮臺

'저것은 지옥의 문을 여는 열쇠다. 저 열쇠가 염라대왕의 감옥 문을 여는 것이다. 실로 출가수행자의 할 일이 무엇인가? 공부 밖에 없다. 취할 것은 오직 마음공부뿐이다. 내가 은사스님처럼 강사가 된다면 이름은 날릴 수 있을지 모르지만, 나 또한 재물을 관리하면서 염라대왕의 감옥과 인연을 맺을 것이 아닌가? 그래, 선방으로 가서 참선을 하자. 그야말로 구름처럼 물처럼 사는 운수납자(雲水衲子)가 되자.'

이렇게 결심한 스님은 외삼촌께 선방에 데려다 줄 것을 청하였다.

"네 결심이 그러하다면 선방에 데려다 주겠다. 그렇지만 참선공부 하기가 쉽지는 않을 것이야."

"그래도 저는 참선공부를 할랍니다."

마침내 은사스님의 49재를 마치고 일타스님은 외삼촌 영천 스님을 따라 남쪽지방의 송광사 삼일암(三日庵) 선원으로 향하였다.

그러나 삼일암으로 가는 길부터가 보통 고역이 아니었다. 절대로 차를 타거나 음식을 사먹는 법이 없었던 영천스님을 따라 양산 통도사에서 승주 송광사까지를 걸어가는 것만 하여도 힘든 일인데, 끼니때가 되면 마을의 인가에 가서 밥을 얻어오도록 시켰고, 잠은 남의 집 헛간이나 일꾼들 방에서만 자도록 하였다. 외삼촌은 그동안 큰 고생을 모르고 자라온 조카에게 하심(下心)을 가르치신 것이다.

한달 가까이 걸려 마침내 도착한 삼일암. 오로지 참선정진 하겠다는 일념으로 고생고생하며 갔건만, 18세의 사미승 일타를 따뜻하게 맞아주는 이는 없었다. 특히 주지는 냉혹하기 짝이 없었다. 며칠 후 둘째 외삼촌이 어디론가 떠나버리자, 주지가 찾아와서 물었다.

"나이가 18세라며?"

"예."

"강원에서 이력은 마쳤는가?"

"아직 강원 공부를 하지 않았습니다."

"그렇다면 받아들일 수 없네. 선방은 강원에서 이력을 마친 스님들이 와서 공부하는 곳이야. 통도사로 돌아가서 이력을 마친 다음 다시 오게."

혼자 남은 일타스님으로서는 막막하기만 했다.

'한달 가까이 고생을 하며 왔는데 돌아가라고 하다니! 수중에는 돈도 한 푼 없고…. 어떻게 해야하나?'

고민을 하고 있을 때 삼일암 선원의 조실인 효봉큰스님이 부르셨다.

효봉(曉峰, 1888~1966) 큰스님은 '절구통 수좌'로 소문난 당대의 고승이셨다. 1913년 일본 와세다 대학 법학부를 졸업하고 판사가 되어 간접적으로 조선동포를 돕는 길을 택하였으나, 1923년(36세) 한 피고에게 직책상 사형을 내리지 않을 수 없었다.

'인간이 인간을 벌하고 죽인다'는 데 회의를 느낀 그는 판사직을 팽개치고 전국 방랑의 길에 올랐다. 엿판 하나를 짊어지고 3년 동안 참회와 고행의 길을 걷던 그는, 1925년 여름 금강산으로 들어가 인생의 스승을 찾게 되었다. 그 스승은 '금강산 도인'으로 통했던 석두(石頭) 스님이셨다.

38세의 늦깎이 출가. 그러나 효봉스님의 정진력은 누구도 따르지 못했다. 밤에도 눕지 않은 채 좌선을 하였으며, 한 번 앉으면 절구통처럼 움직일 줄 모른다고 하여 '절구통 수좌'라는 별명이 붙었다. 하루는 공양시간이 되어도 일어나지 않는지라, 대중들이 채근하며 다가가 보니 엉덩이 살이 헐어 방바닥에 붙어 있었다.

그러나 출가한 지 5년이 지나도록 깨달음을 얻지 못하자, 1930년 늦은 봄에 금강산 법기암(法起庵) 뒤에다 단칸 토굴을 짓고, '깨닫기 전에는 죽어도 나오지 않겠다'고 하면서 토굴 안으로 들어갔다. 하루 한 끼만 먹으며 토굴에서 용맹정진을 하던 스님은 1931년 여름, 마침내 도를 깨달아 벽을 발로 차서 무너뜨리고 토굴 밖으로 나왔다.

그뒤 석두·만공(滿空)·한암(漢巖) 큰스님으로부터 도를 인가 받은 효봉스님은 1937년부터 송광사 삼일암에서 참선 수행자들을 지도하셨으며, 바로 10년째 되는 해에 일타스님이 찾아간 것이다.

효봉스님은 근심에 잠겨 있는 사미승 일타에게 미소를 지으며 말씀하셨다.

"주지가 또 다시 '가라'고 하거든 '조실스님 이하 대중스님이 다 가면 저도 가겠습니다'라고 하면서 버티어라. 주지가 양식이 아까워서 그러는 게야. 양식 많이 있으니, 걱정하지 말고 있어라."

삼일암에서의 첫 안거

1946년 음력 4월 15일, 일타스님은 드디어 첫 번째 안거(安居)에 들어갔다. 그리고 조실이신 효봉큰스님을 찾아가 화두(話頭)부터 점검을 받았다.

"들고 있는 화두가 있느냐?"

"시심마를 하고 있습니다."

"시심마 화두를 어떻게 하고 있느냐?"

"이 마음이 무엇인가를 생각하고 있습니다."

"이놈 봐라. 순 엉터리구나."

그리고는 '시심마' 화두의 참뜻과 드는 법을 일러주시고 말씀하셨다.

"시심마 화두는 어려우니, 건시궐(乾屎厥) 화두를 들도록 하여라."

옛날 어떤 스님이 운문선사(雲門禪師)께 여쭈었다.

"어떤 것이 부처입니까?"

"마른 똥막대기니라〔乾屎厥〕."

이것이 건시궐 화두로서, '부처님을 왜 마른 똥막대기라 하였는가?' 하면서 의심하는 것이다. 이 화두를 주시면서 효봉 스님은 말씀하셨다.

"화두를 깨치려면 의심이 지극하여야 한다. '왜?'라는 물음표가 분명하여야 빨리 깨달을 수 있는 법이야. 부처를 마른 똥막대기라고 하였으니 이상하지 않은가? 그렇다고 운문선사께서 거짓말을 시킨 것도 아니고…. 의심이 나지? 의심이 안나?"

그 순간 일타스님의 뇌리에 한 글귀가 떠올랐다. 온 법계에

118

남김없이 부처님이 가득차 있다는 '불신충만변법계(佛身充滿
遍法界)' 라는 말이 생각난 것이다.

'온 법계에 부처님이 가득 차 있다고 하였으니, 부처님은
어디에나 계신다. 마을에도 있고 길에도 있으며, 법당에도 선
방에도 부엌에도 뒷간에도 꽉 차 있다는 말씀이다. 뒷간에 부
처가 가득한데 젖은 똥이든 마른 똥이든 부처 아닌 것이 어디
있으랴.'

생각이 여기에까지 미치자 '건시궐' 화두에 대한 의심이 조
금도 생기지 않았고, 그래서 냉큼 효봉스님께 말씀드렸다.

"불신이 온 법계에 두루 충만되어 있다고 하였는데, 마른
똥막대기든 진 똥막대기든 부처 아닐 것이 무엇입니까?"

"이놈 봐라? 망상만 늘었네? 주장자 어디 갔노? 맞아야 정
신을 차리겠구나."

"아, 스님. 알겠습니다. 건시궐 화두를 들겠습니다."

'주장자로 맞으면 나만 아플 것' 이라고 생각한 일타스님은
얼른 대답하고 큰 절을 올린 다음 조실방에서 물러나왔다. 그
러나 참선은 결코 쉬운 수행이 아니었다. 의심도 일어나지 않
는 화두를 들고 선방에 앉아 있으려니, 그렇게 힘들 수가 없
었다. 다리는 저려오기 시작하였고, 몸은 저절로 뒤틀렸다. 조
금 지나자 자꾸만 다리에 쥐가 나서 가부좌한 자세를 풀기까
지 하였다.

'안 되겠다. 몸 하나 제대로 못 가누어서야 이 어렵다는 참

선을 어떻게 하노. 다리가 떨어져 나가도 좋고 피가 통하지 않
아 불구가 되어도 좋다. 기어코 이 고비를 넘기리라.'

이렇게 마음을 강하게 먹고, 어느 날 가부좌한 다리를 끈으
로 묶었다. 시간이 지나자 다리가 아파오기 시작했지만, 스님
은 3시간 동안씩을 죽어라고 앉아 있었다. 과연 며칠을 그렇
게 수행하고 나자, 오래 앉아 있어도 전혀 다리가 아프지 않
게 되었다.

그런데 자세가 편안하여지자 또 다른 문제가 생겨났다. 졸
음이 밀려오기 시작하는 것이었다. 더욱이 삼일암 선방에서
는 '가행정진(加行精進)'이라고 하여 하루 4시간만 잠을 자고
12시간을 정진하였으므로, 한창 잠이 많을 나이인 18세의 일
타스님으로서는 졸음을 감당하기가 참으로 힘들었다.

선방의 막내둥이인 스님이 계속해서 졸자, 고참스님 한 분
이 바둑판만한 크기의 상을 가져다 주시며 그 위에 앉아 참선
을 하라고 하셨다. 이제 졸았다 하면 상밑으로 굴러 떨어질 판
이었다. 그런데도 졸음은 달아나지 않았다. 졸다가 눈을 떠보
면, 어느새 머리는 방바닥 근처까지 숙여져 있었고, 때로는 그
상태에서 코까지 골고 있었다.

이번에는 머리를 숙일 때 부딪히게 하기 위해 방바닥 위에
목침을 세워놓았다. 그래도 졸렸다. 목침을 박고 이마에 혹이
나기도 하였다. 그런데 몇 차례 목침을 박고 나자 앞으로 조
는 것이 아니라, 몸이 옆으로 기울어지는 것이었고, 옆으로 심

120

하게 기울어지면 상 위에서 떨어져 방바닥에 나뒹굴어지는 것
이었다. 마침내 엄한 선방의 여기저기에서는 수좌들의 웃음
이 킥킥 터져나오고….

'안 되겠다' 싶어 효봉스님을 찾아가 어쭈었더니 빙그레 웃
으시며 말씀하셨다.

"졸음을 극복하는 것이야말로 큰 수행이니, 참선하는 사람
은 무엇보다도 잠을 이겨야 한다. 잠에게 지게 되면 귀신의 굴
속에 빠져들어 공부를 망쳐버리지. 그렇다고 하여 졸음을 쫓
는 특별한 방법은 없다. 화두를 열심히 챙겨드는 수밖에는…."

"어떻게 하여야 '건시궐' 화두를 열심히 챙겨들 수 있습니
까?"

"운문스님은 부처가 무엇인가를 물은 데 대해 '왜 건시궐
이라 하셨는가? 왜? 무엇 때문에 건시궐이라 하셨는가? 어째
서? 어째서 부처가 건시궐이냐? 건시궐? 건시궐? …. ' 이
렇게 억지로라도 끊임없이 의심을 일으키면 졸음과 망상이 차
츰 달아나느니라."

다시 선방으로 돌아와 '건시궐(마른 똥막대기)' 화두를 하
였지만, 역시 화두에 대한 의심은 크게 일어나지 않았고 졸음
도 물리칠 수가 없었다. 그래서 생각을 해 낸 것이 염불을 하
듯 화두를 드는 것이었다. 염불을 하는 이가 '나무아미타불'
이나 '관세음보살'을 끊임없이 외우듯이 '건시궐' 화두를 계
속 외우는 것으로, 그 요령은 이러했다.

먼저 '부처가 무엇입니까? 건시궐!' 이라고 자문자답한 다음, 한 숨을 크게 들이쉬고 그 숨이 다 나갈 때까지 끊임없이 '건시궐? 건시궐? 건시궐? 건시궐? 건시궐? 건시궐? …' 을 외운다. 그리고 다시 숨을 들이쉴 때 '어째서 건시궐이라 하였는고?' 를 생각하고, 또 숨을 내쉴 때 '건시궐? 건시궐? 건시궐? 건시궐? 건시궐? …' 을 계속 염하는 것이다.

이렇게 염불하듯이 끊임없이 '건시궐?' 을 생각하다보니 졸음과 망상이 차츰 달아나기 시작했고, 좌선을 하지 않는 방선(放禪) 시간이 되어 다른 스님들이 말을 걸거나 물으면, 대답 대신 '건시궐' 하는 말이 먼저 나오게까지 되었다.

일타스님은 이렇게 정진한 삼일암 선원의 첫 안거 시절을 다음과 같이 회고하셨다.

"선방에 처음 가서 화두를 염불하듯 외우며 여름 한 철 지낸 것이 평생 동안 참선을 해야 한다는 생각을 버리지 않게 해준 근간이 되었지. 그것이 기본이 되었어. 참선이라는 것은 어떻게 하든 생각을 화두에 집중시키는 것이니까."

훗날 스님은 '화두가 잘 되지 않는다' 며 하소연을 하는 참선수행자를 대할 때마다, 이 염화두(念話頭)의 방법을 많이 일러주셨다.

보통 사람들이 막상 화두를 잡고 있으면 쉽게 화두에 집중하지 못한다. 마치 놋젓가락을 가지고 계란을 잡으려고 할 때 요리조리 미끄러지고 빠져나가듯이, 화두는 자꾸 달아나고 번뇌망상이 자꾸만 스며드는 것이다.

그렇다고 하여 포기해서는 물론 안 된다. 오히려 화두가 잘되지 않으면 '송(誦)'이라도 해야 한다. 부처님 명호를 외우듯이 속으로 화두를 외우는 송화두(誦話頭)를 꾸준히 하다 보면, 자기도 모르는 사이에 '생각 염(念)'자의 염화두(念話頭)가 된다.

우리는 흔히 '염불을 한다'고 하면 목탁을 두드리며 부처님 명호를 부르는 것으로 생각하지만, 그것은 구불(口佛)이지 염불(念佛)이 아니다. 염불은 입으로 하는 것이 아니라 마음으로 부처님을 생각하는 것이다. 그러나 입으로 꾸준히 하다보면 '생각 염(念)'자 염불이 이루어지게 된다.

이와 같이 마음 속으로 송화두를 꾸준히 하다보면, 굳이 입으로 하지 않아도 목구멍 속에서 화두가 저절로 흘러나오게 되고, 그것이 계속되면 마침내는 염화두가 되며, 송화두·염화두를 놓치지 않고 계속하게 되면 일을 하면서도 말을 하면서도 화두가 또렷하게 들리는 간화두(看話頭)가 되는 것이다.

간화두가 되었을 때 거듭 대용맹심을 촉발(觸發)하면 홀연히 참의심〔眞疑〕이 발기(發起)되어, 산을 보아도 산이 아니요 물을 보아도 물이 아닌 대무심(大無心)에 들게 되는데, 비로소 이를 참선화두(參禪話頭)라 하는 것이다. 참화두(參話頭)만 되면 깨침은 진정 멀지 않은 곳에 있다. 옛 조사 스님들은 이러한 경지에서 도를 깨치지 못한다면 '너희를 대신해서 지옥에 가겠다'고까지 말씀하셨다.

그럼 어떤 것이 진짜 참선인가?

화두가 또렷이 잡혀서 놓아지지 않는 경지, 밤이나 낮이나 잠을 자나 꿈을 꾸나 항상 참화두가 되는 경지가 진짜 참선의 경지이다. 그와 같은 참화두의 경지에 이르면 누구나 7일을 넘기지 않고 확철대오하게 되는 것이다.

화두가 잘 되지 않는다고 참선을 포기하지 말고, 송화두·염화두라도 꾸준히 계속해 보아라. 틀림없이 참선의 기틀이 잡히게 되고, 마침내는 참화두의 경지에 이르게 된다.

언제나 스님은 이렇게 자상하고 간곡하게 일러주셨다. 정녕 참선을 하는 불자들은 일타큰스님의 수행경험에 기초를 둔 염화두법에 의거하여, 다시 한번 마음의 고삐를 죄어 봄직하리라.

성철스님과의 인연

일타스님에게 있어 송광사 삼일암에서 있었던 또 하나의 일을 꼽으라면 성철(性徹) 스님과의 인연을 들 수 있다.

어느 날 저녁, 공양을 마치고 나오는데 대중스님들이 약간 들뜬 분위기 속에서 이야기를 하고 있었다.

"철수좌(徹首座)가 왔다. 철수좌가 왔어."

"철수좌가 누굽니까?"

분위기가 이상하여 묻는 일타스님에게 한 스님이 말하였다.

"말도 마, 팔만대장경을 거꾸로 외는 굉장한 스님이야."

그 말을 듣고 호기심이 생겨 가보았더니, 효봉스님과 입승을 보던 영월스님만 앉아 있고 다른 대중들은 모두 일어나 있는데, 성철스님이 두 분 앞에 절을 하고는 턱하니 책상다리를 하고 앉는 것이었다. 어른 스님께 인사를 드리고 나면 무릎을 꿇고 앉는 것이 보통인데도…. 그 때 영월스님이 말씀하셨다.

"생식(生食)을 하시는 분은 여기 대중과 함께 살 수 없습니다."

"잘 알겠습니다. 며칠 쉬어 가겠습니다."

18세의 일타스님 눈에는 이미 견성(見性)을 하였다는 35세의 성철스님이 너무나 인상적이었다. 찬란하게 빛나는 눈빛에서는 지혜가 샘솟는 것 같았고, 훤칠한 이마에 훨씬 커보이는 키는 대중을 압도하고도 남았다.

'아, 저 스님은 특별히 기억할 만한 분이구나.'

성철스님은 며칠 동안 송광사 국사전의 노전에 머무셨고, '생식을 한다'는 말을 듣고 말뚝신심이 일어난 일타스님은 여러 차례 상추를 뜯어다가 씻어서 드렸다. 선방에서 가장 어린 일타스님이었기에 편안하게 성철스님을 뵈올 수 있었던 것이다.

하루는 성철스님이 산문 밖으로 나가기에 따라 나섰다. 송광사 위쪽의 수석대라는 곳에 있는 무구정(無垢亭)에 오른 성철스님은 일타스님을 돌아보며 물었다.

"와 따라오노?"

"따라갑니까? 그냥 가는 거지요."

성철스님은 '허허' 웃으시며 은사스님과 출가한 본사(本寺)에 대해 물으셨다. 일타스님이 소상히 대답을 하자 또 빙긋 웃으시며 물으셨다.

"느그 스님은 강사인데, 무엇하러 이 선방에 와 있노?"

"글자를 새기는 경전공부보다는 마음을 밝히는 참선공부가 더 좋지 않습니까? 그래서 선방에 왔습니다."

"그래, 너는 중노릇을 잘 할 수 있겠구나. 꼭 명심해두어라. 중노릇은 사람노릇이 아니다. 중노릇하고 사람노릇 하고는 다르다. 사람노릇을 하려고 하면 옳은 중노릇을 못한다."

이 말씀이 일타스님의 중노릇에 큰 주춧돌이 되었다. 또 하루는 삼일암 앞에서 성철스님께 여쭈었다.

"사람들이 스님을 괴각(乖角)이라고 하대요?"

괴각은 토끼의 뿔이다. 뿔이 달린 토끼라면 이상하듯이, 아는 것이 많고 바른 소리 잘하는 성철스님을 대중들이 '유별나다'고 하여 괴각이라 한 것이다. 그러나 일타스님은 성철스님의 유난히 큰 눈이 이상하게 생긴 달마대사의 눈과 꼭 닮은 듯 싶어 그 질문을 던진 것이었다. 그런데 성철스님은 속마음을 꿰뚫어 본 듯이 되물었다.

"니, 달마대사 눈 봤나?"

"봤습니다."

"눈이 커야 많이 보고 눈이 커야 탁하니 바로 가지, 눈이 작아 가지고는 옳게 못본다."

이렇게 일타스님은 성철스님으로부터 여러 가지 말씀을 들으며 며칠 동안 좋은 시간을 보내었고, 마침내 성철스님은 바랑을 매고 떠나갔다. 산문을 나서는 성철스님을 배웅하며 일타스님은 '송광사에 더 있지 말고 따라갔으면 좋겠다'는 생각이 은근히 일어났다. 그렇지만 그 말은 못하고 여쭈었다.

"혼자 가십니까?"

"중이 가는 길은 혼자 가는 길이다."

무표정하게 답하시고 떠나가는 성철스님의 뒷모습을 보며 일타스님은 되뇌이었다.

'중이 가는 길은 혼자 가는 길!'

《숫타니파아타》라는 경전에도 있듯이, '구도자의 길은 무소의 뿔처럼 혼자서 가는 외로운 길'이라는 그 말씀이 두고 두고 생생하게 떠오르는 것이었다.

성철스님과 함께한 시간은 불과 며칠이었지만, 그 인연은 일타스님의 마음에 크게 자리를 잡았다. 마침내 3달이 지나 삼일암 선원에서 첫 안거를 마친 일타스님은 성철스님이 계신다는 속리산 복천암을 향하여 발걸음을 옮겼다.

혼자서 가는 길을 더욱 굳건하게 다지기 위하여….

경전 공부

수덕사로 복천암으로

1946년 음력 7월 15일, 송광사 삼일암 선원에서 첫 안거를 마친 일타스님은 복천암으로 가기에 앞서 예산 수덕사로 발걸음을 옮겼다. 아버지 법진(法眞) 스님도 뵈옵고, 무엇보다도 당대의 고승이신 만공(滿空) 스님을 친견하여 도(道)의 힘을 더욱 기르고 싶었기 때문이다.

당시로서는 수덕사로 가는 가장 빠른 방법이 기차를 타고 순천에서 이리와 대전을 거쳐 천안에 내리는 것이었다. 그러나 기차를 타는 것조차 용이한 시절이 아니었다. 표를 사기도 어려울 뿐 아니라, 표가 있어도 자리는커녕 서서 가기조차 어려워, 많은 사람들이 기차의 지붕 위에 앉아 가는 일이 많았다.

한참을 기다려 기차표를 구한 스님은 20~30kg이나 되는 걸망을 짊어지고 줄을 서서 차례를 기다렸다. 마침내 스님의 차

레가 되어 기차에 한 발을 올려 놓았을 때, 누가 뒤에서 걸망을 확 잡아당기는 것이었다. 무거운 걸망이 추의 역할을 하였으므로 스님은 뒤로 벌렁 나자빠졌고, 그 사람은 기차에 올라섰다. 나이는 같은 또래였고, 덩치는 스님보다 조금 커보였다.

순간 스님은 화가 머리끝까지 치솟았다. 그놈을 잡아 중학교 때 배운 유도 실력으로 한바탕 둘러 메쳐야만 속이 풀릴 것 같았다. 사람들이 보거나 말거나 걸망을 벗어 놓고 기차 위로 한 발짝 뛰어 올라섰는데, 《자경문 自警文》 속의 한 구절이 문득 스치고 지나가는 것이었다.

"무릇 하심하는 자에게는 모든 복이 저절로 돌아오느니라〔凡有下心者 萬福自歸依〕."

스님은 바랑을 다시 짊어지고 전봇대에 기대어 생각하였다.

'내가 무엇 때문에 이토록 부지런히 가고자 하는 것인가? 참선하기 위해 수덕사 만공스님을 찾아가는 길이지 않은가? 한 생각 챙기는 참선 공부는 장소와 시간을 따져서 하는 것이 아니다. 가도 참선을 해야 하고 와도 참선을 해야 한다. 어디 있으나 참선을 해야 하거늘 바삐 서두를 것이 무엇인가? 저 사람은 생업에 바빠 저렇게 뛰어다니지만, 나는 오늘 못가면 내일 가고 내일 못가면 모레 가도 그만! 괜스레 서두를 것이 무엇인가?'

이렇게 마음을 먹고 화두(話頭)를 새기며 10분 가량 서 있었다. 사람들은 먼저 기차를 타기 위해 아귀다툼을 벌이고 있었고 …. 그때 어떤 사람이 일타스님을 불렀다.

"스님, 스님."

그를 바라보니 금테 모자를 쓴 부역장(副驛長)이었다.

"스님, 어디까지 가십니까?"

"수덕사 만공스님을 찾아가는데, 천안에서 내려야 합니다."

"그래요? 기차 타기가 어려울테니 걸망은 저를 주고 따라 오십시오."

부역장은 걸망을 받아들고 스님을 일등실로 안내하였다. 보통 객실과는 달리 일등실은 고급 융단에 분재 소나무까지 갖다 놓은 시설 좋은 곳으로, 미군 장교들만 몇 사람이 타고 있었다.

"스님, 여기 앉아 계세요. 잠깐 갔다오겠습니다."

잠시 후 그는 사과와 과자를 한아름 가지고 왔다.

"스님, 드십시오. 저랑 이야기나 하면서 천천히 가십시다."

그때 스님은 깊이 깊이 느꼈다. 하심(下心)을 하여 아상(我相)을 다스리면 만 가지 복이 스스로 찾아들게 된다는 것을!

일타큰스님께서는 이 이야기를 들려주시며 매우 뜻깊은 가르침을 주셨다.

"나를 보고 '자비보살'이라고 하는 이들이 더러 있더라만, 내가 무슨 자비보살인가? 하심이 되면 자비심은 저절로 생겨나기 마련이다. 물은 높은 데서 아래로 흘러가고 곡식은 익을수록 고개를 숙이는 법! 하심을 통하여 '너는 별 것 아니요 나는 잘났다'는 아상이 무너지면, 조작이 없는 진실한 자비가 저절로 나타나게 된다. 나는 열차를 타는 이 조그마한 사건을 통하여 하심의 참뜻을 깨달았었다."

큰스님께서는 또 말씀하셨다.

"누구든지 살아가면서 무수히 많은 일들을 겪게 되지. 그 경험들을 '나'의 감정으로 처리하지 않고 도를 닦는 자세로 잘 소화시키게 되면, 훌륭한 깨달음을 얻을 수 있고 능히 큰 그릇을 이룰 수 있게 된다. 이 세상 어디에나 깨달음의 도가 흐르지 않는 곳이 없으니 …."

이렇게 열차를 타는 조그마한 일 속에서 하심을 배우고 자비의 참뜻을 새기며 수덕사로 나아간 일타스님은 마침내 아버지 법진스님을 뵈었다. 한날 한시에 출가한 아버지와의 해후는 너무나 큰 기쁨이었기에, 몇 날 밤을 지새우며 출가 후 5년 동안 있었던 갖가지 이야기를 나누었다.

그러나 꼭 친견하기를 바랐던 만공스님은 장기 출타중이어서 가르침을 받을 수가 없었다. 일타스님은 뒷날을 기약하며 명산대찰을 찾아 수덕사를 떠났지만, 몇 달 후인 1946년 10월에 만공스님께서 열반에 들게 됨에 따라 친견을 하지 못하게 되었다.

그해 겨울, 일타스님은 둘째 외삼촌 영천스님이 계시는 속리산 법주사의 복천암으로 향하였다. 송광사 삼일암에서 인상 깊게 뵈었던 성철스님도 오신다고 하여 간 것이다. 그러나 복천암에 도착하고 보니 성철스님은 계시지 않고, 보문스님 · 우봉스님 · 현칙스님 등 정진력이 아주 뛰어난 대여섯 분이 함께 정진하고 계셨다.

더욱이 이 스님들은 하나같이 특별한 섭생(攝生)을 하고 있었다. 외삼촌인 영천스님은 생식(生食)을 하고 있었고, 보문스님은 대추와 솔잎을 함께 찧어 주먹만한 크기로 뭉쳐서 먹는 벽곡(辟穀)을 하셨으며, 현칙스님은 밥을 물에다 식혀서 먹는 냉식(冷食)을, 떡을 유난히 좋아하셨던 우봉스님은 매일같이 떡을 만들어 먹겠다고 고집하셨다.

이 별난 스님들을 18세의 일타스님 혼자서 시봉하기란 여간 힘들지가 않았다. 쌀 씻고 떡 치고 음식을 하는 것은 물론이요, 삭풍이 몰아치는 겨울 산에 올라 나무를 하고 솔방울을 모아 군불을 지피는 일에다, 10리 길을 걸어 약을 사러 가는 등의 잔심부름까지 도맡아하자니, 가부좌를 틀고 앉아 정진한 번 제대로 할 시간조차 없었다.

'참선하러 왔다가 이 무슨 꼴이람? 죽도록 고생만 하고 ….'

시봉을 하는 공덕보다는 공부에 관심이 많았던 일타스님으로서는 그 생활 자체가 회의스럽기 그지없었다. 그때 문득 삼일암선원에서 몇몇 학식있는 스님들이 충고를 하던 말이 떠올랐다.

"나이 어릴 때 강원의 이력(履歷;경전 공부 과정)을 마쳐야한다. 참선은 나이가 더 들어서 해도 되지만, 경전 공부는 머

리가 잘 돌아가고 기억력이 좋을 때 해야 한다. 나중에 후회
하지 말고 강원에 가거라."

하지만 참선 쪽으로 마음이 기울어 있었던 일타스님은 그
말을 한 쪽 귀로 흘려버렸고, 경전 공부를 하지 않은 노상들
의 '오직 참선뿐'이라는 말을 더 좋아하였다.

"즉심시불(卽心是佛)! 마음이 곧 부처인데, 글자는 배워서
뭐해? 강원에 갈 생각일랑은 집어치우고 '이 무엇고?' 나 해
라. 화두만 깨치게 되면 모든 것이 저절로 다 해결된다."

그런데 매일같이 힘든 시봉만 하고 참선을 하지 못하게 되
자 마음이 돌아서기 시작하였다.

'참선도 제대로 하지 못할 바에야 강원에 가서 이력을 보는
것이 좋으리라.'

그래서 복천암에 계신 스님들께 상의를 드리자, 하나같이
"지금 이력을 보는 것이 좋다"고 말씀하셨다.

문리 터진 경전 공부

1947년 음력 1월 15일, 일타스님은 복천암 선원에서 해제
하기가 바쁘게 출가 본사인 양산 통도사로 돌아와 불교전문
강원에 입학하였다. 《초발심자경문》과 《치문경훈 緇門警訓》
등의 사미과(沙彌科) 과목들은 통도사립중학교에 다닐 때 모
두 배웠으므로, 사집과(四集科)의 공부를 시작하였다.

사집은 《서장 書狀》·《도서 都序》·《선요 禪要》·《절요 節要》

의 네 가지 책으로, 모두가 참선에 관한 저서들이다. 《서장》은 중국 송나라의 대혜(大慧) 선사가 화두선을 널리 유포시키기 위해 여러 사람들과 교환한 편지를 모은 책이요, 《도서》는 당나라 규봉(圭峯) 스님이 선(禪)과 교(敎)의 대립을 조화롭게 전환시키고자 저술한 책이며, 《선요》는 원나라 고봉(高峯) 화상이 참선을 통하여 생사해탈을 이룩하는 방법을 밝힌 책이요, 《절요》는 고려의 지눌(知訥) 스님이 돈오점수(頓悟漸修)의 사상을 천명한 책이다.

강원에서의 첫 번째 수업시간, 바로 그 첫 시간에 강사스님은 《서장》의 첫 머리에 있는 〈답증시랑 答曾侍郎〉이라는 편지글을 새겨주셨다.

편지를 받아보니 '어릴 때부터 벼슬을 하기 전까지는 훌륭하신 큰스님들을 참례하다가, 중간에 과거와 결혼생활에 끄달려 나쁜 견해와 좋지 않은 습관이 많이 생겨나 순일하게 공부를 하지 못함으로써 큰 죄가 되었다'고 하였도다. 또한 '덧없는 세상살이가 모두 헛된 환(幻)과 같음이라. 하나라도 즐거워할 것이 없음을 뼈저리게 느끼고 온 정성을 다해 일대사인연(一大事因緣)을 궁구하고자 한다'고 하였으니, 심히 나의 뜻과 맞도다.

承敍及 自幼年至仕宦參 禮者大宗匠 中間爲科擧婚宦所役 又爲惡覺惡習所勝 未能純一做工夫 以此爲大罪 又能痛念無常世間 種種虛幻 無一可樂 專心欲究 此一段大事因緣 甚恢病僧意

··· (중략) ···

그대는 경을 보지 못하였는가? 선재동자가 문수보살을 좇아 발심을 하여 점차 남쪽으로 나아가되, 110개의 성(城)을 지나면서 53명의 선지식을 참례하였도다. 마지막으로 미륵보살이 손가락을 한번 튕기는 사이에 이전의 모든 선지식으로부터 얻은 법문을 한 순간에 잊어버렸고, 다시 미륵보살의 가르침에 의지하여 문수보살을 받들어 뵙고자 생각하였을 때, 문수보살이 멀리 110유순 밖에서 오른 손을 펴서 선재의 머리를 어루만지며 말씀하셨다.

"착하고 착하다, 선남자여! 만약 믿음의 뿌리[信根]를 여의었다면 졸렬한 마음으로 근심하고 후회하여 공행(功行)을 갖추지 못하고 부지런히 닦으려 하지 않으며, 하나의 선근에만 머물러 집착하고 조그마한 공덕에 문득 만족하여 능히 훌륭한 행원(行願)을 일으키지 못하므로, 선지식들이 거두어 보호하지 않게 되느니라."

不見 善財童子 從文殊發心 漸次南行 過一百一十城 參五十三善知識 末後於彌勒一彈指頃 頓忘前來諸善知識 所得法門 復依彌勒敎 思欲奉覲文殊 於是文殊遙伸右手 過一百一十由旬 按善財頂曰

善哉善哉 善男子 若離信根 心劣憂悔 功行不具 退失精勤 於一善根 心生住着 於少功德 便以爲足 不能善巧 發起行願 不爲善知識之所攝護

··· (중략) ···

또 기억하건대, 선재동자가 최적정바라문을 친견하고 성어해탈

(誠語解脫)을 얻고는 과거·현재·미래 제불보살의 위없는 도에
서 이제까지 물러남이 없었고 현재에도 물러나지 않으며 앞으로도
물러남이 없을 것이니라. 무릇 구하는 바를 원만하게 이루지 못함
이 없었던 것은 다 정성이 지극한 데까지 이르렀기 때문이니라. …
다만 이와 같이 공부를 지어간다면 위없는 도를 원만히 이루는 것
은 의심할 여지가 없느니라.

　　又記得 善財見最寂靜婆羅門 得誠語解脫 過去現在未來諸佛
菩薩 於阿耨菩提 無已退 無現退 無當退 凡有所求 莫不成滿 皆
由誠至所及也 … 只如此 做工夫將來 於阿耨菩提 成滿無疑矣

　'승서급(承叙及)'에서 시작하여 '성만무의의(成滿無疑矣)'
로 끝나는 편지글 〈답증시랑〉은 일타스님의 마음에 큰 감동
의 물결이 되어 다가왔다. 총 다섯 페이지, 1,097자의 한문으
로 이루어진 이 글을 새겨주는 강사스님의 음성을 듣고 있자
니 스님 자신이 선재동자가 된 듯하였고, 위없는 도의 세계로
빠져 들어가는 듯한 느낌을 받았다.

　좋고 또 좋았다. 너무나 좋았다. 수업이 끝나자 스님은 그
글을 방으로 가지고 와서 읽기 시작했다. 처음부터 끝까지 뜻
을 새기며 읽었다. 참으로 좋았다. 그래서 다시 읽었다. 읽고
읽고 또 읽고 또 다시 읽어도 좋았다.

　너무나 좋아 소변이 마려운 것도 참으며 읽었고, 저녁 공양
을 하는 시간까지도 아깝게 여겨졌다. 공양이 끝나기가 무섭

게 다시 그 글을 읽었고, 나중에는 신명이 나서 엉덩이를 들썩들썩 움직이고 손으로 책상을 두드리며 읽기까지 하였다. 그러다가 자신도 모르는 사이에 책상머리에 쓰러져 잠이 들었다.

그렇게 한숨을 자고 새벽에 눈이 떠졌는데, '아참, 글을 읽어야지' 하는 생각부터 드는 것이었다. 원래 새벽 잠이 많았던 스님은 눈을 떴는지 감았는지도 잊은 채 〈답증시랑〉의 편지글을 읽어 내려갔다. 《서장》 책은 앞에 펼쳐 놓았을 뿐 보지도 않은 채 …. 그런데 마지막 '성만무의'까지 조금도 막힘없이 좔좔 나오는 것이었다.

'어? 이상하다. 책을 보지도 않았는데? 어찌된 일인고? 다 외워버린 것인가?'

이번에는 책을 덮고 정신을 차려 쭉 외워나갔다. 역시 마찬가지였다. 끝까지 쫙 — 외워지는 것이었다.

'내 재주로 하루 저녁에 열 줄이나 스무 줄은 능히 외울 수 있지만, 2백 줄이 넘는 글을 다 외우다니? 마음을 모아 암기하려 한 것도 아닌데 ….'

스스로에게 놀란 스님은 그 날도 그 이튿 날도 또 그 다음 날도 《서장》을 읽고 또 읽으며 불교전문강원의 수업을 받았다. 그렇게 3개월 가량 공부를 하여 《서장》을 마칠 무렵에는 한문에 대한 문리가 저절로 터졌고, 그 다음 《도서》·《선요》·《절요》 등의 사집과 과목을 배울 때는 너무나 쉽게 공부를 할 수 있게 되었다. 한 걸음 더 나아가 강사스님이 자칫 글을 잘못 새길 때는 은근히 지적하기까지 하였다.

"강사스님, 이 구절은 이렇게 새기면 어떻습니까?"

"음 ―, 그것이 낫겠다."

차츰 강사스님은 대중 앞에서 글을 새기는 일을 일타스님에게 맡겼고, 한 반의 학승들도 모르는 것이 있으면 스님에게 물었다. 일타스님의 나이가 강원에서 가장 어렸음에도 ⋯. 그야말로 나이 20세의 일타스님은 반쯤 강사 노릇을 하게 된 것이다.

훗날 스님은 해인사 강원의 학승들에게 《서장》을 공부하던 시절의 이야기를 들려주면서 간곡히 말씀하셨다.

경전(經典)을 공부하려면 무엇보다도 한문 문법을 통달해야 하고, 한문 문법을 통달하여 문리를 얻으려면 무조건 《서장》 3백 독(讀)을 하는 것이 좋다. 《서장》에 실린 편지 하나하나를 3백 번씩 읽으며 20통만 넘겨보라. 문리가 확 터지게 된다.

강원에서 배우는 책이 열 가지가 넘지만, 가장 문리가 잘 터지는 것은 《서장》이다. 《치문》은 여러 스님의 글을 모아 놓은 것이기 때문에 문체가 다양하고, 《도서》와 《절요》는 규봉스님과 지눌스님이 다른 이들의 글을 많이 인용하였기 때문에 좋지 않고, 《선요》는 고봉스님이 설법하신 것을 제자가 기록하여 윤문하였으므로 한문 공부하기에는 적합하지가 않다.

138

이에 비해 《서장》은 대혜스님께서 글자 한자 한자를 다 조사하고, 문법에 맞추어 조심스럽게 써서 당대의 문장가들에게 보낸 편지들을 모아 놓은 책이다. 그러므로 문장들이 너무나 훌륭하고, 문법에도 어긋남이 없어 한문을 공부하는 사람들에게는 매우 좋은 텍스트가 된다.

한문을 처음 배우는 이라면 3백 독, 이력을 마친 스님네라면 1백 독만 해보라. 한문의 문리가 저절로 터지게 된다. 정녕 경전을 통달해보겠다는 이가 있으면, 가사장삼을 입고 법당에서 백일기도를 하는 요량으로, 부지런히 기도삼아 《서장》 3백 독을 하기 바란다. 틀림없이 문리가 확 터질 것이다.

경전을 공부하는 사람에게는 무엇보다도 문리가 문제이다. 문리가 터지면 경을 읽는 것이 재미있어지고, 재미가 있어지면 공부에 차츰 깊이 들어가게 되며, 공부가 깊어지면 남다른 깨달음을 이룰 수 있게 되는 것이다.

아무쪼록 경전을 공부하는 이들은 이 말씀을 잘 새겨 참고함이 좋으리라. 스님의 직접 체험을 바탕으로 한 소중한 가르침이므로 ….

신학문에 대한 열망

사집과를 1년만에 이수한 스님은 강원의 교육과정에 따라 사교과(四敎科)로 올라갔다. 이 사교과에서는 《능엄경》, 《대승기신론》, 《금강경》, 《원각경》을 공부하게 된다.

그런데 첫 번째 경전인 《능엄경》을 보면서 일타스님은 또다시 큰 감동에 휩싸이기 시작했다. 《능엄경》 제1권의 '칠처징심(七處徵心)' 법문부터가 그러하였다.

'칠처징심'은 석가모니불과 제자 아난이 문답을 통하여 마음이 어디에 있는가를 규명한 법문이다. 마음이 어디에 있는가를 묻는 부처님의 질문에 대해 아난존자는 나름대로의 논리를 내세워 몸안〔在內〕, 몸밖〔在外〕, 감각기관〔根〕, 어둠 속〔藏暗〕, 생각이 미치는 곳〔隨合〕, 감각기관과 대상의 중간지점〔中間〕, 집착이 없는 곳〔無着〕의 일곱 곳에 마음이 있을 것이라며 하나씩 이야기를 한다. 이에 부처님께서는 매우 쉬운 비유를 들어 그 일곱 곳 어디에서도 마음을 얻을 수 없음을 밝혀 아난의 그릇된 생각을 깨우쳐주시고, 마음이 있는 곳을 스스로 알게끔 하신 가르침이 '칠처징심'의 법문이다.

일타스님에게 있어 '칠처징심'의 문답은 너무나 논리적이요 부처님의 지혜를 매우 돋보이게 하는 법문이었다.

'아! 이 칠처징심을 현대 심리학으로 풀이하면 얼마나 좋을까?'

또 제3권의 세계가 만들어진 이야기와 세계의 구성, 제5권의 수행을 할 때 풀어야 할 근원적인 업의 매듭 등, 《능엄경》을 공부하면 공부할수록 한 생각이 강하게 머리를 치드는 것이었다.

'이렇게 훌륭한 가르침을 왜 우리만 접해야 하는가? 많은

사람들이 쉽게 이해하고 배울 수 있도록 할 수는 없는가?'

'그렇게 하기 위해서는 부처님의 경전을 신학문과 현대과학적인 방법으로 재정립하여 쉽게 풀이하면 가능하리라.'

'그런데 누가 그 일을 하지? 하긴, 밖에서 구할 것이 무엇인가? 부처님의 가르침에 대해 깊이 감동을 하고 있는, 바로 내가 할 일이다.'

'내가 이 일을 하려면 무엇부터 공부해야 하나? 먼저 과학적인 신학문부터 배워야 한다. 과학적인 신학문은 어디서 배우는가? 대학이다.'

'그래, 대학에 진학하자. 대학에서 신학문을 배워 부처님의 뛰어난 가르침을 과학적이고 현대적으로 풀이하여 많은 사람들이 쉽게 접할 수 있게끔 하자.'

이렇게 한 번 머리를 치든 생각이 대학 진학으로 연결되자, 대학 진학의 꿈이 잠시도 떠나지를 않았다.

사실 일타스님은 공부 머리가 매우 뛰어난 분이셨다. 집안 식구 모두 승려가 되는 바람에 초등학교만 마친 채 출가를 하였고, 절에 와서 중학교를 나왔지만 은사스님의 입적으로 더 이상 신학문을 배울 수가 없었다. 그렇지만 학교를 다니는 동안에는 단 한번도 1등을 놓쳐 본 적이 없었다. 1등도 학급 1등 정도가 아니라 전교 1등, 그것도 2등과의 점수 차가 현격한 1등이었다.

그 예가 초등학교 5학년 때의 일본행이다. 1940년, 일본정부는 개국 2천 6백주년을 맞이하여 건국의 시발지인 나라현 하시하라신궁에서 대성전(大盛典)을 열었다. 그때 일본정부는 각계의 대표들을 초대하여 대성전에 참석토록 하였는데, 스님은 충청남도 초등학생 대표로 참석하였다. 당시에는 공부 잘하는 학생을 대표로 뽑았으므로, 충청남도 초등학생 중 가장 성적이 뛰어난 김사의(金思義)를 대표로 선발한 것이다.

이렇듯 머리가 뛰어나고 공부를 잘한 스님이었으니 어찌 학업에 대한 열망이 없었겠는가!《능엄경》을 배우다가 신학문에 대한 뜻을 세운 스님은 그날부터 대학 진학을 위한 공부를 시작하였다. 낮에는 강원에서 경전을 배웠지만, 밤이 되면 영어단어를 익히고 대학 진학과 관련된 책들을 보았다. 그러면서 다짐하고 또 다짐하였다.

"이력만 얼른 마쳐라. 강원만 졸업하면 대학행이다."

마침내 스님은 사교과를 모두 이수하였고《화엄경》을 공부하는 대교과(大敎科)도 마쳐, 1949년 가을에 통도사 불교전문강원을 졸업하였다. 강원을 입학한 지 2년 반의 세월이 흐른 것이다.

또한 1949년 음력 3월 15일에는 범어사 금강계단에서 동산(東山) 스님을 계사(戒師)로 삼아 비구계와 보살계를 수지하였다.

그럼 스님의 대학진학은 어떻게 되었을까? 여기서 잠깐, 스님께서 자주 들려주셨던 한 관상가의 이야기를 옮겨 보고자 한다.

❀

일타스님이 강원을 졸업하기 직전, 졸업반 20여 명의 학승들은 통도사 너머의 방기에 있는 배밭으로 야유회를 갔다가, 배밭 근처의 용하다고 소문이 난 관상가를 찾아갔다. 불교정화 이전이었던 당시만 하여도 스님들은 머리를 어느 정도 길렀을 뿐 아니라 외출을 할 때면 양복을 입고 다녔다. 그러므로 졸업반 학승 모두가 승려이기 보다는 학생이나 사회인처럼 보였다.

관상가는 여러 사람을 차례로 둘러보다가 일타스님에게 시선을 멈추더니 특이하다는 듯이 말하였다.

"이 학생은 장가를 못가겠구먼."

"왜 못갑니까?"

"여자가 하나 둘이라야 장가를 가지. 앞에 여자가 수백 명, 수천 명이나 있는데 고를 수가 있나?"

주위에 여자가 너무나도 많고, 너무 많으면 하나도 없는 것과 다를 바가 없어 장가를 못 간다는 것이었다.

"마, 나는 장가 갈 생각을 하지 않고 있으니 상관이 없고, 대학을 갔으면 하는데 잘 갈 수 있겠는지요?"

관상가는 스님의 얼굴을 빤히 쳐다본 다음 말하였다.

"학생은 대학에 가지 않아도 대학 나온 사람보다 책을 열 배는 더 보겠구먼. 책을 많이 보면 그만이지, 대학은 가서 뭘해?"

"장가도 못 가고 대학도 못 가고 …. 그럼 무엇을 하는 것이 좋아요?"

"아! 활인성(活人性)이 있구먼. 사람을 살려내는 활인성이 있으니 한의사 노릇을 하면 좋겠네."

그렇게 말한 다음 다른 사람의 관상을 보아주다가 또 일타 스님을 돌아보며 말하였다.

"한의사도 좋겠지만 깊은 산 속에 들어가서 중이 되면 제일 좋겠구먼. 중이 되면 큰 도인이 되어 이름을 천하에 날리겠구먼."

이 관상가의 말대로 스님은 대학을 가지 못하였다. 그렇다고 하여 관상가의 말을 듣고 대학에 갈 것을 금방 포기한 것도 아니었다. 강원 졸업 이후, 스님은 신학문을 익히고자 대학진학을 시도하였고, 그 속에서 갖가지 반대 급부를 경험하며 더욱 탄탄한 수행의 길로 나아가게 된다.

대학 진학 대신 스님께서 걸으신 참수행의 길! 이제 그 길을 함께 살펴보도록 하자.

기도 정진

연비의 덕을 보고

21세의 나이로 통도사 불교전문강원의 대교과를 졸업한 일타스님은 대학을 진학할 방법을 찾기 시작하였다. 그러나 무엇보다도 큰 문제는 돈이었다. 부모님과 일가 친척은 모두 승려가 되었고, 뒤를 돌보아주셔야 할 은사스님도 입적하셨으며, 출가할 때 지니고 온 돈마저 사형들이 모두 써버렸으니, 그 많은 등록금을 구할 방법이 없었다.

더욱이 한 면(面)에 대학생이 한 명 있을까 말까 하던 시절이었고 대학교도 몇 개 되지 않을 때였으므로, 누구도 스님의 대학진학의 필요성에 공감을 하지 않았으며 돕고자 하지도 않았다. 어떤 이는 오히려 빈정거리기까지 하였다.

"중이 세속 공부를 해서는 뭣 해? 절에서 공부를 시켜 놓으면 하나같이 환속을 하는 판에 …."

일제강점기, 불교계에서 똑똑한 승려들을 뽑아 일본으로 유학을 보내 놓으면, 공부가 끝난 후 절 집안에 공헌을 하기보다는 환속을 하여 자기 이익을 챙기는 이들이 많았다. 이러한 당시의 풍조 때문에 일타스님은 후원자를 구하기가 더욱 어려웠다. 그렇지만 포기하지 않고 이 사람 저 사람에게 수소문을 하다가, 종립학교인 동국대학의 종비생이 되면 학비를 면제받을 수 있음을 알게 되었다.

마침내 스님은 서울 동국대학의 입학 관계를 알아보기 위해 서울로 향하였다. 그런데 이 무슨 시련인가? 서울에 도착한 그 다음날 6·25 전쟁이 터진 것이다.

하는 수 없이 발길을 돌려 남쪽으로 내려오는데, 엎친 데 덮친 격으로 안양에서 인민군에게 붙잡히고 말았다. 그들은 인민군 막사 속으로 스님을 끌고 들어가 꼬치꼬치 캐물었다.

"무엇 하는 사람이야?"

"중입니다."

"중이 뭐야?"

"석가모니 부처님의 가르침을 배우며 도를 닦는 사람이오."

"이거 순 부르주아 아니야? 인민들의 피를 빨아먹고 무위도식하는 족속들 아니야?"

그들은 점점 거칠어지면서 무지막지하게 대하였고, 막사 한쪽에서는 잡아온 이를 몽둥이로 때리고 있었다. 스님은 겁이 났다. 더욱이 당시는 잡히는 젊은이들을 모조리 인민군 의용군으로 끌고 가서 총알받이로 세울 때였다.

'아, 크게 잘못 걸렸구나. 이제 꼼짝없이 의용군으로 끌려가서 죽게 되었구나.'

이렇게 생각하고 있는데, 조금 있으니 정치공작대원인 듯한 말쑥한 사람이 막사 안으로 들어왔다. 당시 정치공작대원들은 학식도 있고 나름대로 교양이 있는 사람들 중에서 뽑아서인지 스님을 보더니 대뜸 말하는 것이었다.

"중이구만. 팔뚝 좀 걷어 보지!"

그래서 옷을 걷어 팔뚝을 내보이자 미소를 지으며 부드럽게 말하였다.

"계를 받을 때 연비(燃臂)를 한 자국이군요. 나도 불교신자요."

그러면서 일타스님의 팔뚝을 조심스럽게 만지더니 꿇어앉아 있던 몸을 일으켜 세워 의자에 앉게 하였으며, 그 당시만 해도 귀하였던 사이다까지 대접하였다. 그리고 통행증을 하나 써 주면서 말하였다.

"어디든지 가다가 인민군들이 잡으면 이 통행증만 보여주면 됩니다. 잠깐 기다리십시오. 차를 태워다 드리겠습니다."

마침내 트럭이 한 대 오자 그는 명령을 내렸다.

"이 스님 가시는 데까지 잘 모셔 드려라."

그 연비 자국 덕분에 안양에서 김천까지 편안하게 차를 타고 내려온 스님은 진주 집현산에 있는 응석사(凝石寺)까지 걸어가며 스스로에게 다짐하고 또 다짐하였다.

'아, 연비 자국이 아니었으면 의용군으로 끌려가 영락없이 죽었을 것을 …. 부처님! 감사합니다. 세속적인 미련을 버리고 열심히 도를 닦아 부처님의 은혜를 갚겠습니다.'

두 차례의 기도

마침내 응석사에 도착했을 때, 스님은 매우 지친 상태였다. 다행히 주지스님이 쌀밥 한 사발과 반찬으로 간장 한 종지를 주었으므로, 한 종지의 간장을 모두 밥에 부은 다음 싹싹 비벼 사흘 굶은 사람처럼 아주 맛있게 먹었다.

그런데 밥그릇을 비우자마자 주지스님이 '떠나라'는 것이었다. 그러나 당시 스님에게는 주민증도 병적계도 없었기 때문에 함부로 돌아다닐 수가 없었다. 여차하면 붙잡혀서 총알받이 노릇을 하거나, 빨갱이로 몰려 죽을 수도 있었기 때문이었다. 스님은 버티었고, 아무리 가라고 해도 떠나지 않자 주지스님의 마음도 바뀌었다.

"그렇다면 공양주(供養主) 소임을 맡아라."

"예."

스님이 열심히 밥을 짓고, 설거지도 아주 깨끗이 하자, 주지스님은 만족하여 칭찬을 아끼지 않았다.

"공양주 노릇, 아주 잘하는구먼."

며칠이 지나자 불공이 아주 많이 들어왔다. 주지스님은 일타스님에게 불공 올리는 일을 거들 것을 명하였고, 독경을 남 못지 않게 하였던 스님은 목탁을 치면서 유창하게 염불을 하였다. 그러자 주지스님은 공양주를 그만두고 부전(불공 드리는 직책)을 보라고 하였다. 얼마 동안 부전을 보던 스님은 어느 날 문득 생각하였다.

'불법 공부를 제대로 하려면 세속에 대한 애착을 끊고, 위없는 깨달음을 이루겠다는 무상대발심(無上大發心)을 하여야 한다. 기도를 하자. 기도를 하여 힘을 기르자. 7일을 기한으로 정하고 관세음보살의 육자대명왕진언인 옴마니반메훔 기도를 하되, 잠을 자지 말자.'

이렇게 결심하고 스님은 부지런히 기도를 하였다. 처음에는 앉아서 하다가 졸음이 오기 시작하자 서서 '옴마니반메훔'을 외웠다. 그러나 졸음은 정말 참기 어려운 것이었다. 깜빡 깜빡 조는 사이에 목탁은 손에서 미끄러져 나가 발등을 찧었다. 몇 번 발등을 찧고는 '서서 하는 것도 안 되겠다' 싶어 마당을 돌아다니며 진언을 외웠다.

"옴마니반메훔 옴마니반메훔 …."

끊임없이 '옴마니반메훔'을 찾고 비몽사몽간에도 '옴마니반메훔'을 찾다가 6일째 되는 날, 은행나무 밑의 평상에 잠깐 앉았는데 그 즉시 은행나무에 머리를 기댄 채 잠들어 버렸다.

순간, 허공 전체가 스님의 입 안으로 들어오는 것이었다. 《서유기》에 등장하는 황금대왕이 자기가 들고 있는 병 속으로 무엇이든 '들어오너라' 하면 쫙 빨려 들어가듯이, 허공이 입 속으로 빨려 들어오는 것이었다.

이 꿈에서 깨어나자 그토록 기도를 방해하던 졸음도 저절로 사라져서 7일 기도를 마칠 수 있었다. 더욱이 때마침 찾아온 마을 이장은 부탁을 하지 않았는 데도 스님에게 주민증이 없는 것을 알고 만들어다 주었다. 생각하지도 않은 좋은 일이 생긴 것이다.

첫 번째 기도를 잘 마친 일타스님은 더욱 도심을 발하여, 금오(金烏) 큰스님께서 조실로 계시는 응석사 내원토굴(內院土窟)로 올라가 두 번째 기도를 시작하였다.

그러나 이때의 기도는 소리내어 염불을 하거나 진언을 외우는 것이 아니라, 7일 동안 단식을 하면서 부처님의 위대함과 불법의 깊은 진리를 고요히 관조하는 기도였다.

7일 단식이 끝나는 날, 스님은 꿈을 꾸었다. 응석사에서 대변을 보자 그 똥이 집현산 응석사의 10리 계곡을 타고 흘러 내려가는 것이었다. 마치 멕켄나의 황금계곡에 황금물이 흘러내리는 것처럼, 똥은 조금도 역겨운 냄새를 풍기지 않고 거대한 흐름을 이루며 흘러 내려갔다.

스님이 금오큰스님께 꿈 이야기를 하자, 금오스님은 아주 멋진 해석을 내려 주셨다.

"몸 속의 똥이 빠져나가는 꿈은 업장소멸(業障消滅)을 뜻하는 것이다. 그런데 그 똥이 골짜기를 가득 채우며 10리 길이

150

나 흘러 내려갔으니, 업 장소멸이 얼마나 많이 되었겠느냐? 일타수좌는 정말 기도다운 기도를 한 것이 틀림없구나."

선방에서도 세속 공부 미련

진주 응석사에서의 두 차례 기도를 마친 일타스님은 외삼촌 진우(震宇) 스님이 머물고 있었던 전주의 법성원(法性院)으로 가서 동네 아이들을 모아 공부를 가르쳤다. 마침 그 절에는 스님이 어려서부터 그토록 읽고 싶어했던 일본어판《세계문학전집》이 있었다. 경찰 간부 한 사람이 피난을 가면서 맡겨 놓은 것이었다.

스님은 책 속에 파묻혀 읽고 또 읽었다. 재미없는 것은 한 차례, 재미있는 것은 거듭거듭 읽었다. 《몬테크리스토백작》,《레 미제라블》,《플루타크의 영웅전》,《비스마르크》 등을 모두 탐독하였다.

그리고 그냥 넘어가기가 아까운 문장, 마음에 쏙 드는 글귀들은 대학노트에 촘촘히 적어 넣었다. 쓰고 쓰고 또 쓰다보니 어느덧 대학노트가 20권이나 되었다. 스님은 그 노트의 표지에 '문학의 자물쇠' 라는 뜻으로 〈문학쇄담 文學鎖談〉이라는 제목을 붙이고 혼자 문학도가 되는 꿈을 꾸어 보기도 하였다.

'이만하면 나도 능히 글을 쓸 수 있겠구나. 작가가 될까? 시인이 될까?'

그러나 전쟁은 스님을 그 절에 있게 하지 않았다. 1951년,

1·4 후퇴가 시작되어 피난을 가야만 했고, 문학전집을 보면서 기록한 대학노트를 그 절에 버려둔 채 떠나야 했다. 스님은 다시 금오큰스님이 계시는 진주 응석사의 내원토굴로 향하였다.

금오(金烏) 큰스님!

금오스님은 1896년 7월 23일에 농부의 아들로 태어났다. 스님을 낳기 전에 어머니 조씨는 기이한 꿈을 꾸었다. 선풍도골(仙風道骨)의 풍채를 지닌 한 노인이 품속에 품고 있던 그릇을 내어주면서, '열어보지 말고 가져가라'는 것이었다. 조씨부인은 그 그릇을 치마폭에 싸서 집으로 돌아와 열어보니, 흰 학 한 마리가 들어있었다. 그런데 학이 갑자기 날아오르더니 오색 영롱한 짐승으로 변하여 부인의 몸 속으로 들어오는 것이었다. 그후 태기가 있어 스님을 낳은 조씨부인은 그 아들이 산에 가서 도인이 될 것이라는 것을 일찍부터 예감하였다고 한다.

금오스님은 16세에 출가하여 26세에 참선정진을 시작하였으며, 28세에 도를 깨달아 보월(寶月) 선사로부터 인가(印可)를 받았다. 그후 10여 년 동안 도를 더욱 갈고 닦은 다음, 1935년 40세의 나이로 직지사 조실이 되어 참선수행자들을 지도하기 시작하셨다.

"참선을 하는 자는 화두 하나만 참구하여야지, 화두를 타파

하기 전에 경을 보느니 율을 익히느니 주력을 하느니 하는 자
는 견성을 하지 못한다. 생사의 문제가 급하고 또 급한데, 무
슨 잡사를 익힌다는 말인가!"

　이러한 뜻이 분명하신 금오스님이셨기에, 수좌가 참선을 떠
나 하는 일은 인정을 하거나 허용을 하지 않으셨고, 정진을 할
때에도 사정을 보아주지 않으셨다. '30일 용맹정진'하면 두
들겨 패면서도 용맹정진을 완수하도록 지도하셨다.

　스님의 자비는 잘 재우고 잘 먹이는 것이 아니었다. 무리를
시켜서라도 정진을 하도록 만드는 것이 최상의 자비라고 판
단하고 계셨다. 그러므로 주위에는 언제나 발심한 수행자들
이 많이 따랐으며, 자연히 스님의 밑에는 기라성같은 제자들
이 많이 배출되게 된 것이다.

　일타스님은 1951년의 하안거(夏安居)와 동안거(冬安居)를
참선 지도에 있어 엄하기 짝이 없는 금오큰스님 회상에서 보
내었다. 참으로 정진하기에는 좋은 시절이었다. 그러나 아름
다운 저녁 노을, 수려한 경치를 볼 때마다 1·4 후퇴 때 두고
온 〈문학쇄담〉 생각이 나는 것을 막을 수가 없었다.

　'그 노트에 적어 놓은 표현을 살짝 인용하여 가미하면 지금
의 이 장면을 아주 멋진 문장으로 묘사할 수 있을텐데 ….'

　선방에 참선을 한답시고 앉아 있으면 이같은 생각들이 자
주 일어났다. 거기에다 못 가게 된 대학진학에 대한 미련까지

되살아났다. 나중에는 방석 밑에 책을 넣어두었다가 방선(放禪)의 시간이 되면 책을 들여다보기까지 하였다. 자연, 참선은 올바로 될 까닭이 없었다.

혼란 속에서 참선을 하다가 해제를 한 스님의 발길은 가야산 해인사로 향하였고, 팔만대장경이 보관되어 있는 장경각(藏經閣)을 둘러보게 되었다.

부처님의 말씀을 담아 놓은 팔만 개가 넘는 대장경판!

'아, 부처님이야말로 세계에서 제일가는 작가로구나. 세계에 4대 문호, 5대 문호가 있다고 하지만 어찌 부처님과 비교할 수가 있으리.'

생각이 여기에 미치자 신심이 샘솟듯이 일어났다.

'그래. 이 장경각에서 기도를 하자. 이렁저렁 시적부적 세월만 보내는 중노릇을 해서는 안 된다. 올바로 발심(發心)이 되지 않으면 공부의 진척이 있을 수 없다. 대발심(大發心)을 하겠다는 원을 세우고 기도해 보자.'

대발심을 위한 기도

스님은 해인사 주지스님께 기도할 것을 허락 받고 7일 기도를 시작하였다. 목탁을 천천히 치면서 천천히 '서가모니불'을 부르면 마음이 느슨해지기 때문에, 목탁을 빨리 치면서 빨리 '서가모니불'을 부르는 염불기도법을 택하였다. 또한 마음으로는 '대발심하게 해주십시오' 라는 축원을 하였다.

　당시는 전란 중이었으므로 적군의 표적이 된다는 이유 때문에 밤이 되면 촛불을 켜지 않고 향만 한 가치 피워 놓은 채 기도를 해야 했다. 새벽부터 장경각에 있는 법보전(法寶殿)에서 정성껏 기도를 하였지만, 향불 하나밖에 없는 깜깜한 한밤중이 되자 졸음이 찾아 들기 시작하였다. 스님은 졸음을 쫓기 위해 장경각 경판 사잇길을 돌며 '서가모니불'을 찾았다.

　깜깜한 장경각 안을 돌다가 조금이라도 졸게 되면 뾰족 튀어나온 경판의 모서리 부분에 머리를 부딪치기 마련이다. 깜빡깜빡 졸던 스님은 수없이 경판에 머리를 부딪쳤고, 부딪치고 나면 정신이 번쩍 들어 다시 기도를 열심히 하였다.

　그리고 끼니 때만 되면 당시 해인사에 계셨던 자비보살 인곡(仁谷) 스님이 어김없이 오셔서 스님의 귀를 당기며 재촉하셨다.

　"가자. 밥 먹으러 가자."

　일타스님은 목탁을 놓고 대중방으로 가서 얼른 밥 한술을 먹고는 양치질을 하고 화장실을 찾은 다음, 즉시 돌아와 기도를 계속하였다.

　이렇게 6일을 기도하고 저녁 무렵 소변을 보러 나왔는데, 마침 장경각 뒤쪽에서 지게에 물건을 한 짐 진 사람이 내려오고 있었다.

　"지게에 진 것이 무엇입니까?"

　"송이요."

"얼마요?"

"이만원이오."

마침 스님에게는 꼭 2만원의 돈이 있었다. 2만원을 모두 주고 송이를 몽땅 산 스님은 부엌으로 가져가서 기쁜 마음으로 적도 굽고 국도 끓였다.

"야, 이게 진짜 기도다. 진짜 기도 회향(廻向)이다!"

스님은 그 송이로 열심히 음식을 만들어 부처님 전에 올리고, 대중공양도 베풀었다. 그리고 이튿날 새벽 3시에 기도 회향을 하고 새벽예불에 참여한 다음, 7일 만에 처음으로 등을 방바닥에 붙이자 곧바로 잠 속으로 빠져들었다. 잠은 곧 꿈으로 이어졌고, 그 꿈 속에 일타스님의 친척인 비구니 스님 한 분이 바랑을 짊어지고 나타나 말하였다.

"네가 아끼던 대학노트를 가지고 왔다."

"정말입니까?"

너무나 반가웠던 일타스님은 황급히 달려들어 비구니 스님의 바랑에서 노트를 뽑았다. 스님의 글씨로 빽빽이 채워져 있는 20권의 대학노트! 기쁨에 겨워 열심히 공책을 넘기며 살펴보고 있는데, 일타스님의 도반인 창현(昌玄) 스님이 홀연히 나타나 다가오더니 버럭 고함을 지르는 것이었다.

"영 책 껍데기를 못 벗어나는구먼! 야, 선방에서 책을 주무르고 앉아 있으면 선방 망한다는 사실도 모르느냐? 에잇! 안 되겠구먼."

창현스님은 일타스님에게 달려들어 대학노트 20권을 모두 빼앗아 쥐고, 양손으로 확 잡아 찢어버렸다. 그러자 20권의 노트가 한 번에 쫙 찢어지면서 콰르르 가루로 변해버리는 것이었다. 순간, 주체할 수 없는 분노가 온 몸을 감쌌다.

"야, 이놈아! 책을 보면 내가 봤지. 네놈하고 무슨 상관이냐?"

한바탕 싸우려고 벌떡 일어서다가 스님은 한 생각을 쉬었다.

'에라, 책을 봐서 뭐할꼬? 치워버리자. 본래 없었던 것으로 요량하지 뭐.'

그리고는 꿈에서 깨어났다. 이때부터 스님은 사교입선(捨敎立禪), 문자를 버리고 참된 자기를 찾는 참선 공부에만 열심히 매달릴 수 있게 되었다.

물론 그전에는 스님의 바랑 속에 책이 반 이상의 자리를 차지하고 있었고, 틈만 나면 책을 들여다보았다. 그런데 이 기도와 꿈을 꾼 다음부터는 대학진학도 현대 학문에 대한 애착심도 남김없이 떨어졌다. 아울러 기도의 원력대로 발심이 올바로 이루어져서 참선수행을 본격적으로 할 수 있게 되었다.

연비(燃臂)

범어사로 성주사로

세 번의 기도를 통하여 대학진학의 꿈과 현대 학문에 대한 애착심을 비운 일타스님은 불교공부에만 몰두하였다. 그러나 당시의 상황은 공부하기에 적합하지가 않았다. 전쟁 중이어서 먹고 입는 것도 부족하였을 뿐아니라, 사찰도 군인들이 점령하여 잠자리마저 모자라는 형편이었다.

1952년 음력 4월, 여름 안거철이 되자 일타스님은 동산(東山) 큰스님이 조실로 계시는 부산 범어사를 찾아갔다. 하지만 전란 중의 범어사는 수도처가 아니라 '유골안치소'로 탈바꿈되어 있었다. 일주문 앞에는 군인들이 막사를 치고 주둔하였으며, 법당마다 방마다 유골들로 가득 채워져 있었다.

공부할 곳이라고는 오직 선방(禪房) 하나! '피난민 선원'이라 불리었던 그 좁은 선방에서 백여 명의 운수납자들이 모여 모든 불편을 감수하며 열심히 정진하였다. 덕장(德將)으로 널리 존중을 받았던 동산큰스님을 중심으로 하여….

오히려 큰 어려움은 외부에서부터 찾아왔다. 국방부에 근무하던 기독교인들이 '범어사에 군기피자가 많이 있다'고 하여 단속이 시작된 것이다. 한번은 1개 중대 병력이 범어사를 둘러싸고 한사람 한사람씩 조사를 시작하여 20세 이상 30세 미만의 스님 16명을 잡아갔다. 그 스님들은 포항으로 갔다가 LXA라는 화물배를 타고 제주도 모슬포로 가서 사격술을 잠깐 익힌 다음 최전방에 투입되었으며, 많은 이들이 전사하고 말았다.

그때 일타스님 또한 조사를 받았다.

"젊은 스님은 몇 살이요?"

"열 일곱입니다."

"열 일곱? 열 일곱 살은 더 되어보이는데?"

그러나 일일이 호적을 대조하여 잡아간 것이 아니었으므로, 얼굴이 남달리 천진하고 어려보였던 24세의 일타스님은 잡혀가지 않았던 것이다. 하지만 그 뒤에도 젊은 승려들을 잡아가기 위해 경찰들이 수시로 범어사를 찾아왔다. 그 때마다 일타스님을 비롯한 젊은 승려들은 법당 뒤의 바윗돌 밑으로 기어들어가 몸을 숨겼다. 유난히 큰 바윗돌이 많은 금정산인데다, 그 바위의 색이 승복의 색과 흡사하여 경찰의 눈을 쉽게 피할 수 있었기 때문이었다.

의식주 문제뿐만이 아니라 어느날 전쟁터로 잡혀갈지 모르는 어려운 상황. 이 어려운 상황이 스님들을 더욱 열심히 공부하게 만들었다.

한평생이 얼마이기 닦지 않고 방일하랴
一生幾何 不修放逸

특히 일타스님은 〈발심수행장〉의 짧은 이 구절이 어느 때보다 절실히 가슴에 와닿았다고 하셨다. 더욱이 1952년 여름에 운허스님께서 범어사로 피난을 내려와 《능엄경》을 강의하셨으므로, 일타스님은 다시 한 번 《능엄경》의 가르침을 깊이 새길 수가 있었다.

부족함과 어려움 속에서 알뜰히 공부를 한 범어사의 하안거에 이어, 1952년의 동안거(冬安居) 장소로 일타스님은 창원 성주사(聖住寺)를 택하였다. 6년 전인 1946년에 송광사의 삼일암선원에서 처음 뵈옵고 깊은 인상을 받았던 성철스님이 성주사에 계셨기 때문이었다.

이곳에서 스님은 성철스님으로부터 많은 법문을 들었다. 중노릇에 관한 법문뿐만이 아니라, 우리 민족의 사상에 대해서도 많은 지도를 받았다. 성철스님은 불교에 관한 이야기를 하실 때 항상 강조를 하셨다.

"이것은 내 말이 아니고 불조(佛祖)의 말씀이다."

이렇게 성철스님은 부처님이나 조사스님의 가르침임을 강조하신 다음 '그 근거는 어느 경전 어디에 있다'고 하셨고, 한가지 내용에 대해 이 이론과 저 이론이 어떻게 차이가 나는지를 너무나 분명하게 말씀해 주셨다.

스님은 성주사 시절에 있었던 성철스님의 일화 한 편을 들려주셨다.

❁

당시 성철스님은 '비위가 약하다'고 하시면서 공양 후에는 죽염을 한 숟가락씩 드렸다. 삼시 세끼를 거르지 않고 드셨다. 그러나 과다하게 섭취한 소금이 문제가 되어 성철스님은 부산의 큰 병원에 입원을 하게 되자 검사를 위해 독일인 담당의사가 피를 뽑게 되었다.

그런데 그 피가 보통 사람들과는 달리 너무나 맑고 깨끗한 것이었다. 이를 신기하게 느낀 의사는 이 검사 저 검사를 핑계로 삼아 성철스님의 피를 자꾸만 뽑고자 하였다. 이를 눈치챈 성철스님은 그 큰 눈을 무섭게 뜨면서 버럭 고함을 쳤다.

"이놈들! 남의 피를 다 뽑아가려고 하느냐?"

깜짝 놀란 의사들은 문만 빼꼼이 열고는 사정을 했다.

"쬐끔만! 쬐끔만!"

이 이야기를 들려주시며 일타스님은 말씀하셨다.

"소금을 잡수신 일뿐만 아니라 생식 · 요가 · 장좌불와 · 냉
수마찰 등 무엇이든지 한번 하신다고 하면 언제든지, 그것도
철저하게 하신 노장님이셨기에 피도 남달랐을거야."

천화율원

동안거가 끝나자 성철스님은 통영 안정사의 천제굴로 떠나
셨고, 일타스님은 출가 본사인 통도사로 돌아왔다. 몇 년만에
찾아온 출가본사! 그러나 불보사찰인 통도사는 '삼일육군병
원'이라는 이름 아래 군인들과 환자들이 점령하고 있었다. 다
만 보광전 하나만을 비워줌으로써 노스님 몇 분이 겨우 사찰
의 명맥을 유지하고 있었다.

'부처님의 진신사리를 모신 적멸보궁(寂滅寶宮)에 조차 향
화(香花)를 올리지 못하다니….'

일타스님이 어지럽기 그지없는 통도사를 둘러보며 슬픔에
잠겨 있을 그때, 청정율사(淸淨律師)이신 자운(慈雲) 스님께
서 따뜻하게 맞이하여 주셨다. 뒷날 불교정화불사 당시에 부
처님께서 제정하신 계율에 준하여 그릇된 불교계를 바로잡아
야 한다고 주장하셨던 자운스님이 통도사에 계셨던 것이다.

자운스님은 삼일육군병원으로 변하여 북새통을 이루고 있
는 통도사에다 천화율원(千華律院)을 설립하고 일타스님에게
권하였다.

"일타는 강원의 대교과(大敎科)를 마쳤다지?"

162

"예."

"그럼 계율을 모아 놓은 율장(律藏)을 한번 열람해 보는 것이 어떻겠나?"

대처승이 대부분인 불교계, 그리고 자리다툼을 일삼는 불교계의 현실이 계율 부재 때문이라 생각하고 있었던 일타스님이었다. 그리고 부처님께서 그 하나 하나의 경우에 대해 어떻게 말씀하셨는지를 궁금하게 여기고 있던 때였다. 더욱이 계율이라고 하면 사미십계 · 보살계 · 비구계 · 비구니계가 전부일 것이라 생각하고 있었으므로 한달이면 모두 외울 수 있을 것 같았다.

"한번 해보겠습니다. 넉넉잡아 석달이면 율장을 다 볼 수 있지 않겠습니까?"

"일타가 머리 좋다는 이야기는 들었다만, 율(律)도 종류가 매우 다양하다네. 사분율(四分律) 60권에 십송율(十誦律) 61권, 오분율(五分律) 30권, 마하승기율(摩訶僧祇律) 40권 등등, 모두 합하면 천부대율(千部大律)이나 되지. 재주가 얼마나 있는지 모르지만 석달 동안 천부대율을 다 볼 수 있을까?"

"율장이 그렇게 다양하고 많습니까? 그것을 다 보려면 참선공부는 할 시간도 없겠네요?"

"똑똑히 보려면 여기 있고, 안 보려면 그냥 가버려라."

일타스님은 홀로 생각하였다.

'어느 세월에 그 많은 율장을 다 볼건가? 나는 참선을 하기

로 작정을 한 사람. 내일 아침 공양 후에 떠나가리라.'

그렇게 떠나리라 결심을 하고 다음날 새벽 예불을 올린 다음 좌선을 하고 있는데, 자운스님께서 다가오시더니 커다란 책을 앞에 놓는 것이었다.

"이거나 좀 보고가지."

제목을 보니 '사미율의증주술의(沙彌律儀增註述義)'라고 되어 있었다.

'스님께서 가져다 주셨으니 요것만 얼른 보고 가야겠다.'

일타스님은 빨리 참선하러 가야겠다는 생각에 부지런히 책을 읽었다. 그런데 용하게도 자운스님은 책 하나를 다 볼 즈음이면 또 다른 책을 가져와서 보게 하였고, 그렇게 본 책이 수십 종을 넘어섰다.

이렇게 일타스님은 자운스님 덕택으로 율장을 섭렵하게 되었고, 일타스님의 자질을 높이 본 자운스님은 율맥(律脈)을 전수하였다. 이로써 일타스님은 25세의 젊은 나이에 율사(律師)가 된 것이다.

하지만 일타스님의 마음은 율(律)이 아니라 선(禪)에 있었다. 율사가 아니라 도를 깨달은 선사가 되고 싶었던 스님이었기에, 마음은 밤잠을 자지 않고 용맹정진을 할 수 있는 선방으로 내달리고 있었다. 더욱이 우연히 수중에 잡힌《나선비구경 那先比丘經》이라는 책을 읽고는 대각(大覺)을 이루어야겠다는 생각이 더욱 간절해졌다.

《나선비구경》은《미란타왕문경 彌蘭陀王問經》이라는 제목으로도 널리 알려져 있다. 이 경은 기원전 150년경, 서북 인도를 지배한 그리스의 왕 미란타와 젊은 나선비구가 묻고 답한 내용을 모은 경전으로, 미란타왕의 질문도 날카롭지만 나선비구의 답변은 오늘날의 우리들 가슴까지 시원하게 뚫어주며, 불교 교리를 쉬운 비유로써 풀이해주고 있다.

이 경전이 일타스님의 손에 잡힌 것은 자운스님을 도와 삼일육군병원으로 사용함으로써 훼손되었던 장경각의 책을 정리하던 과정에서였다. 책장을 펼쳐들자, 첫머리에 기록된 나선비구와 미란타왕의 전생이야기부터가 스님을 사로잡았다.

❀

옛날 가섭불께서 불법을 펴고 있을 때 갠지스 강 부근에 많은 비구들이 살고 있었다. 비구들은 아침 일찍 일어나, 긴 빗자루를 들고 마음 속으로 부처님의 가르침을 새기며 경내를 청소하는 것을 일과로 삼고 있었다.

쓰레기가 모여 산더미처럼 쌓인 어느 날, 한 비구가 사미승에게 쓰레기더미를 치울 것을 명하였지만, 사미는 못 들은 척하고 지나가버렸다. 비구는 그 버릇없는 풋내기 사미승을 꾸짖고 빗자루로 때렸다. 감히 거역할 수 없는 두려움 때문에 울면서 쓰레기더미를 치우다가, 사미는 문득 최초의 원(願)을 세웠다.

"이 쓰레기를 치우는 공덕으로, 열반의 경지에 이를 때까지 어디에 태어나든지 한낮의 태양과 같은 큰 위력과 광채를 갖게 하여지이다."

쓰레기를 모두 치운 다음 목욕을 하기 위해 갠지스 강가로 나간 사미는 세차게 흘러가는 강물을 바라보며 두 번째 발원을 하였다.

"열반에 이르는 그날까지 어디에 태어나든지 갠지스 강물과 같이 거침없는 말재주를 갖게 하여지이다."

때마침 비구도 목욕을 하러 나왔다가 사미승의 발원하는 소리를 듣고 은근한 두려움을 느껴 발원하였다.

"게으른 사미승을 올바로 지도한 이 공덕으로 열반에 이르는 그날까지 어디에 태어나든지, 갠지스 강물과 같이 다함이 없는 말재주를 갖게 해주시고, 저 사미가 묻는 하나 하나의 질문과 난제(難題)를 환하게 풀어줄 수 있는 능력을 갖추어지이다."

이 두 사람은 각기 천상계와 인간계를 윤회하다가, 사미승은 미란타왕으로, 비구는 나선비구가 되어 다시 만났다. 그들의 발원처럼 두 사람은 모두 뛰어난 말재주를 지녔지만, 사미를 견제할 수 있는 능력을 갖추기를 발원했던 나선비구 앞에서는 미란타왕이 결코 이길 수가 없었다.

발원(發願)의 중요성! 일타스님은 발원의 중요성을 깊이 깊이 느끼면서, 언젠가는 자신도 '대각(大覺)의 성취를 위한 굳센 발원을 하리라'는 결심을 굳혀가기 시작했다. 그리고 미란 타왕과 나선비구의 기기묘묘한 문답을 접하면서 한 생각을 떨쳐버릴 수가 없었다.

'아! 아무리 책을 많이 본들 이와 같은 지혜가 생겨날 수 있겠는가? 이는 스승에게서 물려 받은 지혜가 아니다. 깨달음! 스스로 깨달음을 얻을 때만이 나선비구와 같은 지혜를 발현시킬 수 있으리라. 선방으로 가자! 선방으로 가서 큰 깨달음부터 이루자.'

동산큰스님의 격려

1954년 초, 굳게 결심한 일타스님은 통도사 천화율원을 뒤로하고 다시 범어사로 향하였다. 동산스님께 향상(向上)의 길로 나아가는 가르침을 구하기 위해서였다.

오는 사람 싫어하지 않고 가는 사람 좋아하지 않는 동산큰스님은 약간 괴팍한 면도 없지 않았지만 자비심이 특히나 많은 분이셨다. 동산큰스님은 스님을 반갑게 맞아주셨고, 스님은 아버지와 같은 따스한 정을 느끼면서 짓궂은 질문을 던졌다.

"뱀이 떠나가기 전에 말이 뱀의 등을 밟았으니, 그 이치가 무엇입니까?"

뱀의 해인 계사년(癸巳年, 1953년)이 다 지나가기도 전에 말의 해인 갑오년(甲午年, 1954년)이 찾아왔으니, 여기에 어떤 뜻이 깃들어 있는가 하는 질문이었다. 그러자 큰스님이 주장자를 번쩍 들고 소리쳤다.

"일러보아라. 일러보아라."

"공연히 해본 소리지, 제가 무엇을 압니까? 모릅니다."

"그래, 수좌라면 한 번씩 그런 질문도 할 수가 있어야 하느니라."

동산큰스님은 아주 기분 좋게 웃으신 다음, 참선정진에 도움이 되는 고사(古事)들과 직접 체험했던 여러 가지 이야기를 들려주셨다. 참으로 자상하면서도 뼈있는 '진짜 법문' 들이었다.

"일타야, 수좌는 인정사정에 끄달리지 않아야 한다. 어떻게 하든지 화두에 집중하여 일념성취해야만 한다."

그리고는 친히 먹을 갈아 게송(偈頌) 한 수를 써주셨다.

> 살금살금 땅을 밟으니 사람이 알까 두렵도다
> 말하나 웃으나 분명하니 다시 의심을 말지어다
> 지자는 용맹으로 지금 바로 잡아 취할 뿐이니
> 날이 새어 닭이 울 때를 기다리지 말지니라
> 輕輕踏地恐人知　語笑分明更莫疑
> 智者至今猛提取　莫待天明失却鷄

동산큰스님의 자비를 마음 깊이 새기며 일타스님은 평소에 미심쩍게 생각하고 있었던 화두(話頭) 선택에 대해 여쭈었다.

곧, 선가(禪家)에서는 화두를 큰스님으로부터 받아야 한다고 가르치고 있다. 물론 일타스님도 송광사 삼일암선원의 첫 안거 때 효봉큰스님으로부터 '건시궐(乾屎厥:마른 똥막대기)' 화두를 받았었다. 어떤 것이 부처인가를 물은 데 대해 운문선사께서 답한 '건시궐'.

그러나 일타스님은 이 화두에 대해 크게 의심이 샘솟지 않았다. 오히려 '온 법계가 그대로 부처님의 몸인데 마른 똥막대기라고 하여 부처가 아닐 것이 무엇인가?' 하는 반발심까지 일었으므로, 일타스님에게 있어 '건시궐' 화두는 의심을 생명으로 삼는 화두의 본모습을 이미 상실하고 있었다. 더욱이 1년의 선방생활 이후 강원으로 들어가 경을 보고 동료 학승들과 어울려 지내다보니 건시궐 화두가 차츰 멀어져만 갔다.

이윽고 6·25 전쟁이 터져 외삼촌 절인 전주 법성원에 숨어 지낼 때, 스님은 세계문학전집을 보는 여가에 목탁을 치며 '서가모니불' 정근을 하였다. 그런데 어느날 문득 '영산회상 염화시중 시아본사 서가모니불(靈山會上 拈花示衆 是我本師 釋迦牟尼佛)'이라는 말이 흘러나오는 것이었다.

영산회상에서 대중에게 꽃을 들어보이신 근본 스승 석가모니불!

어느 때 부처님께서 영축산에서 설법을 하고 있을 때, 천인들이 네 가지 종류의 꽃을 뿌리며 공양을 올렸다. 그때 부처님께서는 아무런 말씀 없이 한 송이의 꽃을 들어 대중들에게 보이셨다.

그러나 그 자리에 모인 수만 대중들은 부처님께서 꽃을 드신 까닭을 이해할 수 없어 어리둥절해 하였고, 오직 가섭존자만이 빙그레 미소를 지었다. 이에 부처님께서는 가섭존자에게 교외별전(敎外別傳)의 선법(禪法)을 전하였음을 온 대중에게 선포하셨다.

꽃을 들고 미소를 짓는 바로 그 순간에 부처님의 선법이 가섭존자에게로 전해졌으며, 이것이 선종에서 최초로 생긴 화두라 하여 선종제일공안(禪宗第一公案)이라 불리운다.

정근을 하다가 이 선종제일공안에 생각이 미친 일타스님은 무릎을 쳤다.

"그래, 바로 이것이야! 부처님께서 꽃을 들어 보이신 까닭을 나의 화두로 삼자."

스님은 곧 바로 가부좌를 틀고 앉아 이 화두를 들었다.

'부처님께서는 어째서 한 송이 꽃을 드셨는고?'

'어째서 꽃을 드셨는고?'

'어째서 꽃을?'

'어째서?'

화두가 탁 잡혀 집중이 잘되었으므로, 그후 4년 동안 이 화두를 들었다. 그러나 큰스님께 받은 화두를 버리고 스스로가 택한 화두를 참구한다는 데 대한 미심쩍음이 언제나 일타스님의 뒤를 따라다녔다.

스님은 동산큰스님께 화두를 바꾸게 된 경과를 말씀드리고 조심스럽게 여쭈었다.

"스님, 제가 택한 이 화두를 해도 되는지요?"

동산큰스님은 환하게 미소를 지으시더니 일타스님의 등을 토닥이며 말씀하셨다.

"참으로 너는 과거부터의 선근이 깊은 사람이다. 그렇지 않으면 그와 같은 화두가 잡히지 않는 법이다. 세존염화(世尊拈花)! 그 이상의 화두가 어디에 있느냐? 최고 가는 화두다. 다시는 변경하지 말고 부처님께서 꽃을 드신 까닭만 깨쳐라."

명백히 결단을 지어주는 큰스님의 말씀을 듣고 용기백배한 일타스님은 범어사에 머물며 용맹정진하였다. 눕지 않고 수행하는 장좌불와(長坐不臥)를 하였고, 밤에는 잠을 이기기 위해 사찰 경내를 걸어다니며 화두를 들었다. 비록 잠을 자지는 않았지만, 참으로 화두가 잘 잡히고 마음이 평온한 시절이었다.

손가락을 심지로 삼아

그런데 뜻하지 않은 일이 찾아들었다.

어느날 범어사의 살림을 맡고 있는 원주가 많은 돈을 지니고 장을 보러가면서 조실인 동산스님께 보고를 하지 않았다. 이 사실을 안 조실스님은 큰 방으로 건너와 여러 차례 말씀하셨다.

"원주가 돈을 많이 가지고 장에 갔어."

"돈을 무더기로 가지고 장에 갔어."

장에 갔다온 원주는 그 소식을 듣고 투덜거렸다.

"누구를 의심해? 내가 그 돈을 가지고 도망이라도 치려했다는 말인가? 빌어먹을!"

조실스님과 원주의 조그마한 불화는 마침내 대중공사에 붙여졌다. 그 결과 재무를 한 사람 두어 돈을 관리하게 하고, 원주는 재무에게 돈을 타서 장을 보러 가도록 하였으며, 재무에는 일타스님이 가장 적합하다고 결의하였다.

절집안의 재무는 돈만 관리하는 직책이 아니다. 돈줄인 신도들도 관리하여야 한다. 그들에게 법문도 해주고, 때로는 비위도 맞추어야 한다. 바로 그러한 재무를 일타스님더러 맡으라고 한 것이다.

'용을 쓰며 정진하고 있는데 재무를 보라니? 재무를 보면 공부는 끝이다. 더욱이 재무의 일은 중노릇이 아니라 사람노릇이 아닌가! 중은 중노릇만 하여야지, 사람노릇하여서는 안 된다.'

스님의 머리에는 출가한 이후의 지난 날들이 주마등처럼 스쳐지나갔다. 수많은 사건과 크고 작았던 갈등들…. 스님은 마음을 굳게 다졌다.

'그래, 지금은 오직 공부를 할 때이다. 다른 것을 돌아보아서는 안 된다. 이 기회에 결정심(結定心)을 완전히 다져놓아야만 한다. 《능엄경》에서 설한 대로 연비를 하여 과거 전생의 업장을 일시에 갚아 마치고, 중노릇만 열심히 하여 깨달음을

이루자. 연비를 하여 손가락이 없는 나에게 누가 사람노릇을 시키려고 하지도 않을테니…'

이렇게 결심한 일타스님은 걸망을 챙겨 오대산 서대(西臺)로 들어갔다. 연비를 하기 위해 오대산으로 들어가기는 하였으나 가자마자 성급하게 할 것도 아니고 하여, 혜암(慧菴) 스님과 함께 하안거 기간 동안 생식과 장좌불와를 하며 용맹정진하였다.

그러던 어느날, 정진을 하다가 문득 대관령 쪽을 쳐다보니, 대관령 꼭대기에 구름 한 점이 날아가는데 바로 스님 자신이 날아가는 것과 같음을 느꼈다.

'이 몸은 뜬구름과 같은 것이다. 어디서 왔다가 어디로 가는 것인가? 사람의 일생 또한 저 뜬구름과 같아서 어디선가 왔다가 어디론가 가버리는 것에 불과한 것! 이러할 때에 깊은 연(緣)을 심어 놓지 않으면 그야말로 허생명사(虛生命死) 밖에 되지 않을 것이다. 오대산과 같은 좋은 도량에 왔을 때 이 마음을 깊이 다지고 연을 심어야 하리.'

이렇게 생각한 일타스님은 《능엄경》 제6권 사바라이장(四波羅夷章)의 연비(燃臂)에 대한 구절을 다시 한번 죽 읽었다.

내가 열반에 든 뒤 어떤 비구가 발심하여 결정코 삼매를 닦고자 할진대는, 능히 여래의 형상 앞에서 온몸을 등불처럼 태우거나 한 손가락을 태우거나, 몸 위에 뜨거운 향심지 하나를 놓고 태울지니라.

내 말하노니, 이 사람은 비롯 없는 숙세의 빚을 한순간에 갚아 마치고, 길이 세간을 떠나 영원히 번뇌를 벗어나리라.

만약 이렇게 몸을 버리는 인을 심지 않으면 무위도를 이룰지라도 반드시 사람으로 돌아와 그 묵은 빚을 갚으리니, 내가 말먹이보리를 먹은 것과 조금도 다를 바 없도다.

若我滅後 其有比丘 發心決定 修三摩提
能於如來 形像之前 身燃一燈 燒一指節
及於身上 熱一香炷
我說是人 無始宿債 一時酬畢 長揖世間 永脫諸漏
若不以此 捨身微因 縱成無爲 必還生人 酬其宿債
如我馬麥 正等無異

하안거 해제 후, 일타스님은 오대산 적멸보궁(寂滅寶宮)으로 나아가 하루 3천배씩 7일 동안 기도를 드리고, 발원문을 지어 올렸다.

허공과 같은 법신에 절하오며
평등한 일심으로 간절히 아룁니다
오직 크나큰 자비를 드리우시어
저의 미한 구름을 열어주소서
길이 세간을 떠나
영원히 번뇌를 벗고

아주 오랜 숙세의 빚을
한순간에 갚아 마치리이다
지금 이 법을 통하여
신심을 완전히 결정짓겠나이다
稽首如空　等一痛切
唯垂伽被　開我迷雲
長揖世間　永脫諸漏
無始宿債　一時酬畢
今者於法　決定信心
…(下略)…

　　시방의 부처님께 발원문을 바친 스님은 오른손 바닥에 먹을 묻혀 발원문 끝에 찍었다. 그리고 엄지를 제외한 오른손 네 손가락을 고무줄로 묶고 붕대를 감은 다음, 붕대 속에 촛물을 녹여 넣었다. 그 위에 또 붕대를 감고, 이번에는 기름을 흠뻑 묻혔다.
　　마침내 스님은 오른손 네 손가락을 심지로 삼아 불을 붙였다. 모든 번뇌와 업장을 녹이는 깨달음의 불을 ….
　　살을 태우고 뼈를 태우는 연비! 번뇌와 업장을 녹이는 연비! 결정적인 신심과 깨달음의 문을 여는 연비!
　　일타스님이 손가락을 심지로 삼아 불을 붙이자, 불꽃이 활활 타오르기 시작하였다. 촛물에 붕대에 기름까지 듬뿍 묻힌

손가락이 잘 타지 않을 까닭이 없었다.

'멋지게 타는구나.'

불을 붙인 그 순간, 스님의 느낌은 바로 이것이었다. 묘하게도 오른손 네 손가락에서는 살이 탈 때 느껴져야 할 감각도 아픔도 없었다. 손가락이 타는 데 대한 두려운 생각도, 오른손에 대한 아까운 생각도 없었다. 다만 불을 붙이지 않은 엄지손가락이 잠깐 따끔했을 뿐, 그 아픔도 곧 사라져버렸다.

이내 스님은 무아지경의 연비삼매에 빠져들었다. 욕망으로 가득 채워진 욕계(欲界)와 물질의 세계인 색계(色界)를 초월하여 정신력의 세계인 무색계(無色界)로 들어간 것이다.

시간 또한 언제나처럼 흐르고 있었으나 스님에게만은 멈추어져 있었다. 새벽 1시에 불을 붙여 기껏해야 1시간 정도 되었을까 생각하였는데, 눈을 떠보니 날이 훤히 새고 있었다. 5시간 가량 지나 있었던 것이다.

손가락 끝에서 까물락 까물락거리는 불씨를 끈 스님은 부처님의 법신(法身)을 향해 3배를 올린 다음, 미리 준비해 놓았던 대야의 물에 손을 담구어 찌꺼기를 털어버리고, 그 위에 다시 붕대를 감았다. 그 물은 오대산 적멸보궁 주위에 버리고….

이상하게도 조그마한 아픔도 쓰라림도 느껴지지 않았다. 마음 또한 그렇게 평화로울 수가 없었다. 두려울 것도 없었고 걸릴 것도 없었다. 그야말로 천하태평(天下太平)이었다.

'이제 나는 사람이 아니다.'

대학 진학·부귀·출세 등의 세속적인 미련, 사람 노릇하 겠다는 미련이 연비와 함께 깡그리 타버린 것을 느낄 수 있었 다. 연비와 함께, 사람노릇을 다 걷어치운 것이다. 정녕 환희 심과 '결정코 도를 이루겠다'는 굳은 신심만이 스님의 온몸 을 감싸고 있었다.

이튿날 일타스님은 서울로 향하였다. 중대암에서 30리 길 을 걸어 월정사로 내려가자, 비행기 추락사고로 죽은 아들 김 정환 장군의 재를 지내고 서울로 돌아가는 어머니 변씨 보살 을 만나, 헌병대 짚차를 타고 서울 선학원(禪學院)까지 편안 히 갈 수가 있었다.

당시 불교정화불사가 막 시작된 불교계는 큰 소용돌이에 휘 말려 있었고, 불교정화의 발원지요 중심지였던 선학원에는 당 대의 큰스님들이 많이 모여 있었다. 그 큰스님들 가운데, 해 인사의 인곡스님은 일타스님을 보자 말자 호통을 치셨다.

"이놈이? 왜 쓸데없는 짓을 했느냐? 왜 연비를 하였어?"

스님이 미소를 지으며 묵묵히 있자, 옆에 계시던 선학원 원 장 적음(寂音) 스님이 거드셨다.

"아프지 않느냐?"

"예."

"그래도 치료를 해야 한다. 서울대학병원으로 가도록 하여 라."

적음스님은 속가제자인 서울대학병원장에게 치료를 잘 해 줄 것을 부탁하는 편지를 써 주셨다. 그 편지를 들고 서울대학병원을 찾아가자 의사가 붕대를 풀었다.

뼈마디! 손바닥에서 솟아오른 손가락 마지막 마디의 뼈는 젓가락을 세워 놓은 듯 빼쭉빼쭉하게 남아있었고, 그 언저리에 마른 고추마냥 쪼글쪼글해진 살껍질이 조금 붙어 있었다. 의사는 그 위에 바세린가제를 덮어주었다.

"내일 아침 오십시오."

이튿날, 바세린가제 덕분에 퉁퉁 불은 손을 의사 앞에 내밀자, 의사는 젓가락처럼 남은 뼈 주위의 탄 살을 가위로 끊어낸 다음 수술을 하자고 했다. 며칠 후 뼈를 잘라내는 수술을 한 다음, 상처를 치유하고 곪는 것을 방지하기 위해 매일 바세린가제를 바르고 로디롱칼슘주사, 페니실린 주사를 한 대씩 맞았다.

한 달 가까이 병원 치료를 받는 동안 의사들의 호의 또한 남달랐다. 치료를 받으러 가서 긴 줄 뒷편에 서 있으면 먼저 들어오라고 하였고, 그네들끼리 수군거렸다.

"달마대사를 찾아간 혜가대사가 신심을 보이기 위해 팔을 끊었다는 이야기는 있지만, 요즘 세상에 손가락 열두 마디나 태우며 신심을 보이다니! 참으로 놀라운 일이야."

뿐만이 아니었다. 일타스님의 치유는 놀라울 정도로 빨랐다. 특히 그때가 상처난 살이 쉽게 곪는 8월 말 9월 초의 더운 시기였는데도 수술한 자리가 조금도 곪지 않았을 뿐더러, 지저분하지조차 않았다. 오히려 매일매일 새살이 돋아나는 것을 보고 의사들도 놀라워 하였다.

"오랫동안 환자를 보았었지만 이렇게 빨리 치유되는 것은 처음 봅니다. 이렇게 새살이 깨끗하게 돋아나는 경우도 드물고…."

과연 3달이 걸려야 할 상처는 1달만에 완치되었다. 그러나 의사들의 놀라움과는 달리 일타스님은 담담하게 말씀하셨다.

"스님네들은 고기를 먹지 않기 때문에 곪지 않고 금방 낫게 되지. 그것도 깨끗하게…."

연비! 사람들은 연비를 하고 나면 많은 고생이 뒤따를 것으로 생각을 한다. 그러나 스님은 연비로 인해 조금도 고생을 하지 않으셨고, 마음이 한없이 평화로울 뿐이셨다. 스님은 말년에 그때의 일을 회고하셨다.

"그때의 연비는 내가 치루어야 할 '한평생의 업' 가운데 한 가지 일이었던 것 같아. 연비 후 나에게는 조그마한 후회도 아픔도 없었지. 오직 큰 평화와 도를 닦는 마음 외에는 없었으니까…."

도솔암 6년 결사

불교정화의 와중에서

1954년 겨울, 치료를 마친 일타스님은 그해 동안거 기간을 선학원에서 보냈다. 당시 불교정화불사의 중심지였던 선학원에는 큰스님들의 왕래가 매우 빈번하였고, 법회 또한 자주 열렸다. 하루를 멀다 않고 금봉스님·고봉스님·동산스님·경봉스님·효봉스님의 법문이 있었으므로 훌륭한 가르침을 마음에 담을 수가 있었다.

그러나 일타스님은 법문만 경청할 뿐 불교정화에는 관여하지 않았다. 선학원 법당의 영단(靈壇) 옆에 자리를 잡고 앉아, 부지런히 '세존께서 꽃을 드신 까닭이 무엇인가?' 하는 화두를 잡고 지냈다. 때때로 큰스님들이 쿡 찌르며 던지는 한마디의 법담(法談)에 답하며….

그런데 불교정화가 차츰 심화되자 주위에서 스님을 그냥 두지 않았다. 큰스님들 가운데 율장(律藏)에 통달한 이가 없었기 때문에, 계율상의 문제만 생기면 '일타에게 물어보자'며 스님을 호출하였던 것이다.

한두 가지 예를 들어보자.

정화에 참여하고 있는 비구의 은사스님이 대처승일 경우, 승적(僧籍)을 그대로 둘 것인가? 다른 스승에게로 옮겨갈 것인가?

이 문제에 대해서는 큰스님들도 의견이 분분하였다.

"당연히 다른 스님에게로 옮겨가야지."

"다른 스님에게로 갈 것이 무엇인가? 은사가 대처승이면 그 위의 노스님에게로 올려붙으면 될 일이야."

다른 은사스님을 정하거나 노스님께로 올려 붙는 것이 얼른 들으면 괜찮은 방법일 것도 같았지만, 금오스님 같은 분은 극구 반대를 하셨다.

"나의 스님은 보월선사이시고 노스님은 만공스님이시다. 그 만공노스님 밑의 대처승 제자가 길러낸 노스님의 손주상좌는 수백 명이나 된다. 그런데 우리 보월스님은 비구라서 나는 만공노스님의 손주상좌로 머물고, 대처승 밑의 손주상좌가 만공노스님께 올라가 한 항렬 높아진다면, 나는 하루 아침에 그들을 사숙으로 모셔야 하지 않는가? 그런 경우가 어디에 있는가?"

이치에 합당한 말씀이었다. 그러나 정화종단에서 별 묘안

을 내어놓지 않자 금오스님을 비롯한 많은 스님들이 반발하
였다.

"정화라는 이름으로 절집안의 위계질서를 마음대로 뒤집
어? 그렇다면 나는 석가모니부처님께로 올라가 붙을란다."

"까짓것, 나는 달마대사의 직계제자가 되고 말지."

사태가 심각해지자 정화종단에서는 일타스님을 청하였다.

"이와 같은 경우에 율장에서는 어떻게 하라고 했는가?"

"예. 비니정율(毘尼正律)에 보면 의지함이 없이 머물러도
좋은 득무의지주(得無依支住) 비구와 의지함이 없이 지내서
는 안되는 무득무의지주(無得無依支住) 비구가 있습니다. 만
20세에 비구계를 받고 5년 이상 지난 비구는 득무의지주비구
로, 제 갈 길을 스스로 갈 수 있기 때문에 꼭 은사스님이 필요
한 것은 아닙니다. 그러므로 은사스님이 대처승인 경우, 비구
스스로가 잘 판단하여 노스님이나 다른 큰스님을 새로운 스
승으로 삼아도 가할 것입니다. 그러나 비구계를 받고 5년이
되지 않은 무득무의지주비구는 반드시 새로운 스승을 정하여
지도를 받아야 합니다."

율장에 '대처승'이라는 말이 있는가? 율장에 대처를 하면 안 된다
는 것과 대처를 하면 승려가 아니라는 대목이 있는가?

불교정화의 주무부처인 문교부에서 정화종단으로 이에 대
해 문의를 하였다. 일타스님은 문교부로 나아가 관료들과 기

자들 앞에서 설명하였다.

"불교에서는 사바라이계(四波羅夷戒)가 있습니다. 승단에서 축출을 하는 네 가지 계율로, 살생·투도·음행·대망어가 그것입니다. 특히 승려가 음행의 계율을 범하면 반석을 깬것과 같고 목을 벤 것과 같으며, 나무의 심을 끊어 다시는 움이 나지 않는 것과 같고, 바늘귀가 똑 떨어짐에 그 바늘을 다시는 사용할 수 없는 것과 같다고 부처님께서 말씀하셨습니다. 어찌 율장에 대처를 해도 좋다는 말이 있겠으며, 대처승을 승려로 인정하는 구절이 있겠습니까?

율장에 근거를 둔 일타스님의 설명에 모든 이들은 감복을 하였고, 날이 갈수록 스님에게 문의를 하는 일이 빈번해졌다. 특히 대중공사가 있을 때면 무조건 한마디씩 하게 만들었다.

'사람노릇 안하겠다고, 오직 화두 하나만 가지고 살겠다는 결심으로 연비를 하였는데….'

스님은 다시 걸망을 메고 오대산으로 향하였다. 연비를 한 오대산의 깊은 골짜기로 들어가 사람노릇 하지 않고 용맹정진을 하기 위해서였다. 그런데 월정사 주지 탄허스님께 인사를 올리자, 오히려 발목을 잡으시는 것이었다.

"강원교구의 교무국장 자리가 비었으니 일타수좌가 그 자리를 맡아주시게. 정화불사의 중요한 시기에 큰 힘이 되어주었으면 하네."

하지만 스님은 강원교구 교무국장의 자리를 응락할 수가 없었다. 그냥, 도를 닦을 조용한 장소를 찾을 생각만이 가득하였다.

'어디로 갈까? 어디로 가면 사람 노릇 하지 않고 중노릇만 하며 살 수 있을까? 어디가 가장 좋을까?'

그때 문득 '태백산 도솔암'이 떠올랐다.

태백산 도솔암

경상북도 봉화군 소천면 고선리에 있는 태백산 도솔암(兜率庵). 남한에서 가장 깊은 곳에 위치한 이 암자에 가려면, 1955년 당시만 하여도 기차역에서 내려 이틀은 꼬박 걸어가야만 도착할 수 있는 심심산골이었다.

신라 원효대사께서 창건한 도솔암은 일타스님의 문중과도 인연이 있었다. 절집안에서 스님의 증조(曾祖)가 되시는 환담(幻潭) 스님께서 1893년 이 암자를 중건할 때 20냥을 시주한 것이다. 더욱이 스님은 출가한 뒤 얼마 지나지 않아 도솔암에 대한 특별한 소문을 듣게 되었다.

1942년 스님이 출가하였을 때, 일본의 유명잡지인 『킹구(king)』에 '히틀러는 조선의 승려'라는 제목의 기사가 실렸으며, 그 내용을 요약하면 다음과 같다.

어느 날 히틀러는 꿈을 꾸었다. 한국 스님의 승복을 입고 삿갓에 석장을 짚고 바랑을 짊어진 한 승려가 깊은 산골에 있는 한 암자로 올라가 도를 닦는 꿈을 꾼 것이다. 암자 뒤로는 세 봉우리가 솟아 있고, 올라가는 입구에는 뾰족한 봉우리가 우뚝 솟아 있으며, 암자의 앞쪽 멀리에도 기상이 좋은 봉우리들이 첩첩이 펼쳐져 있었다.

3일 동안 같은 꿈을 꾼 히틀러는 꿈에서 본 전경을 동맹국인 일본으로 보내었고, 조사 결과 일본에서는 '조선의 금강산 중내원암 같다'는 회신을 보내었다. 그러나 절집안에서는 금강산 중내원암이 세 봉우리 밑에 있는 암자도 아니요 입구에 우뚝 솟은 봉우리도 없으므로, 중내원암보다는 태백산 도솔암이 틀림없다는 이야기가 파다하였다.

더욱이 도솔암에서 살았던 조선시대 말기의 한 스님이 서방세계의 왕이 될 것을 발원하며 염불정진하였는데, 그 스님이 히틀러로 환생하였다는 소문도 있었다.

스님은 도솔암으로 향하였다. 사방 40리에 마을이 없다는 도솔암, 그리고 도솔암 가는 길. 인적 없고 경치 좋은 길을 걷노라니 '참으로 내가 살 곳'에 가는 듯 하였으나, 날이 저물어 암자의 10리 밑에 있는 홍제사(弘濟寺)에 들러 하룻밤을 쉬어가고자 하였다.

때마침 정화불사에 참여하기 위해 홍제사 주지인 비구니 인홍스님이 대중들을 데리고 서울로 떠난 다음인지라 절은 텅 비어있었다. 스님은 혼자 밥을 지어 먹다가, 만공스님께서 도솔암에 들렀던 일을 생각하였다.

❀

당대의 선승이었던 만공스님은 태백산 도솔암이 '참선정진 하기에 그만' 이라는 소문을 듣고 찾아갔다. 암자는 덩그라니 비어있었고, 양식이며 땔감 또한 준비되어 있지 않았다.

오랜 여정으로 배가 몹시 고팠던 만공스님은 걸망 속에 조금 남아있는 쌀을 탈탈 털어 밥을 지었다. 그러나 반찬이 없는 맨밥만을 먹으려니 잘 넘어가지가 않았다. 암자 주위를 둘러보니 다행히 소금가마니가 있었다.

스님은 칼로 가마니를 베어 먼지를 털어내고 물을 조금 뿌렸다. 그러자 간이 배어나왔으므로, 그 소금간에 주먹밥을 찍어 아주 맛있게 먹었다. 하지만 그 밥 한 그릇만 먹고 3일을 좌선정진하고 나자 더 이상은 견디기 힘들었다.

'양식이 없어 안되겠다. 내려가자.'

도솔암에서 10리를 내려오자 조를 가꾸며 사는 화전민의 집이 보였다.

"지나가는 중, 밥 좀 주시오."

그댁 젊은 아낙은 시래기국에 조밥을 말아, 집안의 꼬마를 시켜 스님께 드리도록 하였다. 꼬마는 누더기옷에 수염이 덥

수룩하고 몸집이 엄청나게 큰 만공스님을 보고 겁에 질려, 그 릇에 고추를 담근 채 어정어정 다가오다가 마당에 그릇을 놓 고 달아나 버렸다. 그것을 드신 만공스님의 말씀.

"아, 고추 담근 좁쌀 시래기국맛! 세상에서 그보다 맛이 좋 은 음식은 여태까지 먹어보지를 못했어."

의식(衣食)은 하늘이 준다

만공스님의 이야기에 생각이 미친 일타스님은 은근히 먹는 문제가 걱정스러워졌다.

'만약 양식이 떨어지면 어쩌지? 옛날 스님네는 풀뿌리와 나 무 열매로 연명하였다고 하지만, 공부를 하려면 최소한의 양 식은 있어야 하는데….'

그때 은사이신 고경스님께서 출가 초기에 들려주셨던 이야 기 한 편이 뇌리에 떠올랐다.

🌼

옛날에 도를 닦는 한 스님이 있었다. 그런데 아무리 앉아 있 어도 공부가 안 되고 대중들이 모인 곳이라 시시비비도 끊이지 않자, 아무도 없는 산꼭대기에 가서 도를 닦기로 결심하였다.

어느 날 그는 아무에게도 말을 하지 않고 절벽 꼭대기로 올 라가기 시작하였다. 길도 나 있지 않아 칡덩굴을 붙잡고 어렵 게 어렵게 꼭대기에 올라가보니, 앞이 탁 트이고 조용할 뿐 아니라 동굴까지 있는 것이었다.

"야, 이거 정말 안성맞춤이로구나! 이곳에서 며칠 공부하고 있다가 보면 '제천(諸天)이 여의식(與衣食)'이라고 제석천왕(帝釋天王)이 밥을 가져다 주겠지."

그는 마음을 탁 먹고 동굴 속에 들어 앉아 도를 닦기 시작하였다. 그런데 하루 이틀, 사흘이 지나고 나흘이 지나 일주일을 꼬박 굶었는데도 제석천왕은 그림자도 보이지 않는 것이었다.

'이러다가 굶어 죽는 것이 아닌가.'

그는 문득 제석천왕에게 속은 것 같은 생각이 들었다. 기력은 자꾸 없어지고, 삼매에 들기는커녕 옛날에 먹어본 맛있는 음식 생각에 망상만 있는대로 나는 것이었다. 그렇다고 절벽 아래로 내려갈 수도 없었다. 다리가 후들거려 곧 떨어져 죽을 것만 같았기 때문이었다.

'이대로는 안 되겠다. 죽더라도 내가 제석천왕에게 속았으니 밖에 나가서 제석천왕을 한번 불러나 봐야겠다.'

엉금엉금 굴 밖으로 기어나온 그는 있는 힘을 다해 소리쳤다.

"제석아!"

"예!"

한번 불렀더니 아래 쪽에서 대답하는 소리가 들려왔던 것이다.

'아, 드디어 제석천왕이 오는가 보다.'

그는 남은 힘을 다해 벼랑 끝까지 나와 앉았다.

한편 아래쪽에서는, 꼴을 베는 더벅머리 총각이 올라오고 있었다. 골짜기까지 꼴을 베러 왔다가, 그날은 '보리밥으로 주먹밥도 썼겠다. 오늘은 저 꼭대기까지 한번 올라가 봐야지' 하면서 기어오르는 중이었다. 워낙 층암절벽인 데다가 높이 올라올수록 절경이라, 혼자 상상의 나래를 펼치고 있었다.

'이런 곳에는 틀림없이 신선들이 살거야. 신선들이 바둑도 두고 구름 속에서 학을 타고 왔다갔다 하는 그런 곳일거야.'

그때 갑자기 꼭대기에서 자기 이름을 부르는 소리가 들려온 것이다. 그렇지 않아도 신선들 생각에 사로잡혀 있는데 누가 자기 이름을 부르니 '어이쿠, 이거 신선이 나를 부르나 보다' 하고 얼결에 대답을 하고는 더욱 부지런히 올라가고 있는데, 위에서 또 말소리가 들려왔다.

"밥 가지고 오느냐?"

제석이는 자기가 짊어진 것이 주먹밥밖에 없었지만 냉큼 대답하였다.

"예!"

"어서 올라오너라."

"예."

스님이 올라온 제석천왕을 보니 더벅머리 총각이었다.

'제석천왕이라서 별나게 생긴줄 알았더니 별일일세. 어쩌면 일부로 저렇게 변해서 오는 것인지도 모른다.'

이렇게 생각을 하면서도 당장 배가 고파 죽을 지경이었으므로 먹을 것부터 챙겼다.

"등에 짊어진 것 얼른 내려놓아라."

도시락을 빼앗듯이 하여 펼쳐보니 시커먼 꽁보리 주먹밥이 가득 들어있었다.

'아 이거 내가 열흘 가까이 굶었으니까 쌀밥을 먹으면 위장이 상할까 싶어 꽁보리밥을 가지고 왔나 보다.'

스님은 부지런히 먹었다. 먹으면서 곰곰이 생각하니 참 기가 막히는 일이었다. 도를 배우는 비구에게는 제석천왕이 의식을 내린다고 하신 부처님의 말씀이 틀림없는 사실이었기 때문이었다. 스님은 마음을 다잡았다.

'내가 하늘의 제석천왕이 내리는 밥까지 받아먹으면서 한 순간인들 딴 생각을 해서야 되겠는가! 오직 화두일념(話頭一念)으로 도를 성취해야 한다.'

스님은 나머지 밥을 얼른 먹어치우고는 다시 굴 속으로 들어갔다. 그리고 들어가면서 제석천왕 들으라고 한 마디를 내뱉었다.

"너무 배고프니까 안 되겠더라. 하루나 이틀에 한 번은 와야 되겠더구만."

공연히 점심만 빼앗긴 제석이는 굴 속을 가만히 들여다보았다. 처음에는 깜깜해서 보이지 않았지만 점차 밝아지면서 앉아 있는 스님의 모습이 보이기 시작했다. 누더기를 입고 머

리와 수염이 더부룩한 모습으로 앉아 있는데, 굴 속이 환해지
자 마치 방광하는 것처럼 느껴졌다.

'참 이상한 일도 다 있다.'

산을 내려온 제석이는 동네를 다니면서 그 신기한 이야기
를 퍼뜨렸고, 마침 그 동네에는 돈 많고 신심 깊은 처사가 있
었다. 스님네한테 공양을 올리려 하였으나 존경할 만한 스님
이 없어 망설이고 있던 그는 제석이를 앞장 세워 그 힘든 산
꼭대기로 올라갔다. 과연 한 도인이 굴 속에서 꼼짝도 않고 도
를 닦고 앉아 있는데, 광명이 환하게 나는 것이었다.

'옳거니! 이제서야 내가 살 보람을 찾았구나. 이제까지 그
토록 애써 찾던 도인다운 도인을 드디어 만났구나.'

기뻐하며 산을 내려온 처사는 손수 맛있는 음식을 장만하
여 그 이튿날 다시 산꼭대기로 올라갔다. 그는 굴 앞에다 음
식을 살그머니 놓아두고 내려갔고, 스님은 맛있는 음식 냄새
에 이끌려 굴 밖으로 나왔다. 어제의 깡보리밥과는 달리 맛있
는 음식들이 잘 차려져 있는 것이었다.

"천상음식도 인간음식과 똑같구나."

이렇게 중얼거리며 스님은 간장까지 싹싹 다 닦아먹었다.

'이 밥을 먹고 조금이라도 해태하거나 딴 생각을 하여서는
안 된다.'

스님은 다시 굴 속에 들어가 열심히 도를 닦았고, 처사는 산
꼭대기까지 쉽게 올라갈 수 있도록 층계를 만들고 사다리도

놓고 하여 하루에 한 번씩 지성으로 음식을 갖다 날랐다.

'천상에서 이렇듯 나의 공부를 지성껏 돌보아주니 감히 한 생각도 흐트러짐이 있어서는 안 된다.'

스님은 더욱 수도에만 몰두하였고, 시간이 지나 계절이 바뀔 때마다 옷도 한 벌씩 얻어 입게 되었다.

그렇게 지내기를 3년. 3년 동안 스님과 처사는 서로 한 번도 본 적이 없었다. 처사는 늘 스님의 뒷모습만 보았고 스님은 처사가 갖다놓은 음식과 옷만 받았을 뿐이었다.

만 3년이 되는 날 처사와 스님은 각각 생각하였다.

'오늘은 우리 스님 얼굴을 꼭 한 번 봐야겠다.'

'내가 삼년 동안 밥을 얻어 먹었지만 첫날 더벅머리 총각 외에는 제석천왕의 본래 모습을 한 번도 보지 못했으니, 오늘은 꼭 한 번 만나봐야겠다.'

둘이서 같은 날 똑같이 이렇게 마음 먹었으니 그야말로 이심전심(以心傳心)인 셈이었다. 그날 처사는 음식을 내려 놓으며 불렀다.

"큰스님!"

그와 똑같은 순간에 스님도 굴 바깥에 음식을 갖다놓는 인기척이 나자마자 뒤를 돌아보며 소리쳤다.

"제석천아!"

같이 외치면서 얼굴이 딱 마주치는 그 순간, 스님과 처사는 동시에 확철대오(確徹大悟)하였다. '지성이면 감천' 이라고,

스님과 처사가 함께 도를 깨달은 것이다.

이 이야기를 생각하자 일타스님은 마음이 편안해졌다.

'연비를 하여 사람노릇까지 포기한 내가, 도를 근심할지언 정 가난하고 궁핍한 것을 근심할 필요는 없다. 까짓것! 만약 양식이 떨어지면 며칠 용맹정진하면서 제석천왕을 부르면 되 겠지. 양식이 하늘에서 내려오든 땅에서 올라오든, 나를 굶어 죽게야 할 것인가!'

자신이 생긴 스님은 입산게(入山偈)를 지었다.

> 높은 산과 넓은 물길 피하지 아니하고
> 헐레벌떡 이곳까지 온 뜻이 무엇인가
> 결정코 일대사인연을 밝히고자 하여
> 손가락을 태우며 계와 원을 세웠도다
> 나는 금일로부터 십년을 기약하여
> 하산을 하지 않고 오로지 정진하리니.
> 이 본분의 업을 발명하지 못한다면
> 천상을 돌아다닌들 무슨 소용이 있으리.
> 不憚山高水闊路　得得來到何所以
> 決欲究明一段事　燃指燃香立戒願
> 吾從今日限十年　更不下山要專精
> 若未發明本家業　飛㢴天上何所用

이튿날 아침, 스님은 입산게를 부르며 태백산 심심산골로 힘찬 발걸음을 옮겼다. 6년을 하루같이 도를 닦은 태백산 도솔암을 향하여…. 그때가 스님의 나이 27세 때인 1955년 봄이었다.

도솔암 6년 고행과 오도

입산게(入山偈)를 부르며 태백산 도솔암으로 오른 스님은 그날부터 동구불출(洞口不出)·오후불식(午後不食)·장좌불와(長坐不臥)의 세 가지 원칙을 정하고 용맹정진에 들어갔다.

오른손 네 손가락 열두 마디를 연비할 때의 마음으로 열심히 열심히 정진하였다. 그러나 공부가 순탄하지만은 않았다. 고독(孤獨)과 졸음이 끊임없이 공부를 방해하였다.

사방 40리에 인가가 없는 심심산골 도솔암. 그곳에는 찾아오는 사람이 거의 없었다. 몇 달에 한번씩 홍제사의 인홍스님이 일꾼을 시켜 양식을 보낼 때나 사람의 얼굴을 대할 뿐, 등산객도 사냥꾼도 약초를 캐는 사람도 찾아오지 않았다. 스님은 말씀하셨다.

"참으로 사람이 그리운 시절이었어. 늦가을에 성묘를 다녀오는 사람이 건너편 산의 나무 사이로 히끗히끗 흰 두루막 자락을 날리며 가는 모습을 보는 것만으로도 반가운 거라. 또 겨울철이 되면 눈이 많이 쌓여 그야말로 백설의 천지가 되지. 가끔씩 곰들이 찾아와 나무에 올랐다가 '쿵쿵' 뛰어내리는 모습을 보면서 '혼자가 아니구나' 하는 생각을 할 때도 있었어."

하지만 고독은 졸음보다 견디기가 쉬웠다. 혼자 도를 닦는 길을 스스로 택하였기 때문이다. 그러나 졸음은 달랐다. 등을 방바닥에 대지 않고 앉아서만 수행하는 장좌불와(長坐不臥)를 행하다보니 졸음이 더욱 심하게 찾아들었다.

'옛스님네는 공부할 때 잠오는 것을 경계하여 송곳으로 찔렀거늘, 나는 어찌 이리도 방일한가? 옛스님네는 하루해가 질 때 다리를 뻗고 울었다는데, 어찌 나는 이렇게 졸음 하나를 못 이기는가?'

무섭도록 밀려오는 졸음을 물리치기 위해 스님은 스스로를 경책하며 꼬집고 머리를 쥐어박기도 하였다. 그러나 졸음은 좀처럼 사라지지 않았다.

그래서 스님은 한밤중이 되면 1시간 가량 《한산시 寒山詩》나 《유교경 遺敎經》을 외워 정신을 맑히고, 정진의 기틀을 다 잡았다. 그런데 묘한 일이 자주 있었다. 스님이 소리내어 경을 읽다가 그치면, 밖에서 사람들이 흩어지는 것 같은 느낌이 드는 것이었다.

"스님께서 경을 다 읽으셨다. 가자 가자."

천인이나 신장들이 스님의 경 읽는 소리를 듣기 위해 모였다가 떠나가는 것을 느낄 수 있었던 것이다.

혼자 살았기에 머리도 수염도 깎지 않고 살았던 스님, 하루 종일 '어째서 세존께서는 꽃을 드셨는고?' 라는 세존염화(世

尊拈花)의 화두 속에서 살았던 스님, 탐욕과 성냄과 어리석음을 낼 대상도 잘못을 범할 일도 없었기에 저절로 한없는 청정계행(淸淨戒行) 속에서 살 수 있었던 스님.

이러한 일타스님의 태백산 도솔암의 생활이었기에, 자신도 모르는 사이에 깨달음의 순간이 다가오고 있었다.

1956년 음력 3월 22일 저녁, 그날따라 스님은 조금도 졸리지가 않았다. 마음은 지극히 고요하였고, '세존염화'의 화두는 너무나 또렷하여 조그마한 잡념도 함께 하지 않았다. 정녕 잠깐 삼매(三昧)에 든 듯 하였다. 그런데 삼매에서 깨어나보니 한낮이 되어 있었다. 하룻밤이 없어져 버린 것이다.

스님은 방문을 열었다. 그런데 어제까지만 하여도 봉오리를 맺었는지 꽃이 피었는지를 전혀 느끼지 못하고 지냈던 뜰 앞의 몇 그루의 목단에는 꽃이 활짝 피어 있었고, 꽃들이 스님을 향해 벙글벙글 웃고 있는 것이었다. 순간 스님은 '부처님께서 꽃 한 송이를 들어보이신 까닭'을, '가섭존자가 미소를 지은 까닭'을 깨달을 수 있었다. 그야말로 염화미소를 체득하신 것이다.

스님의 가슴 속에는 밝은 희열이 용솟음치듯 솟아올랐다. 있는 그대로의 세계가 눈 앞에 다가온 것이다. 그리고 모든 존재는 있는 그대로, 자연 그대로 '나'와 불이(不二)의 관계 속에 있다는 진리를 요달한 것이다.

스님은 춤을 추었다. 기쁨에 겨워, 어깨춤에 발까지 굴리면

196

서 환호를 동반한 춤을 추었다. 그리고 맑은 날이면 올라가서 좌선을 하던 동쪽 봉우리로 뛰어갔다. 햇볕은 따사롭고, 산새들은 물론이요 나무들까지 법문을 토해내고 있었다. 주변의 모든 것이 온통 그대로 진리의 법계였던 것이다. 스님은 큰 환희의 경지를 게송으로 읊었다.

> 몰록 하룻밤을 잊고 지냈으니
> 시간과 공간은 어디에 있는가
> 문을 여니 꽃이 웃으며 다가오고
> 광명이 천지에 가득 넘치는구나
> 頓忘一夜過　時空何所有
> 開門花笑來　光明滿天地

　보통의 수행승이었다면 이 때를 대오(大悟)의 순간으로 삼았을 것이다. 그러나 일타스님은 이 경지에 만족하지 않고, 오히려 '이제부터가 공부의 시작'이라 생각하셨다. 그래서 스님은 또 한 수의 시를 지었다.

> 외로운 산봉우리에서도 한가롭고 평안하네
> 산새들은 나를 위해 특별히 노래를 부르고
> 소슬한 솔바람소리 청량하기 그지없도다
> 이 가운데 단샘물은 길이 스스로 흐르리

孤山閑獨峰安　　山鳥別鳴爲我啼
松風蕭琴淸凉音　別有甘泉長自流

　앞의 세 구절은 깨달음을 이룬 그 당시의 경지를 묘사한 것
이요, 마지막 구절에서는 앞으로도 일념으로 화두정진을 하
겠다는 의지를 담아 '감천장자류(甘泉長自流)'라고 표현한 것
이다.

　그런데 왜 일타스님은 분명히 한소식을 하셨으면서도 '깨달
았다'거나 '오도송(悟道頌)'이라 하지 않고, '이제부터가 공부
의 시작'이라고 하셨을까?

　스님은 총이나 대포 정도의 깨달음이 아니라 '원자탄'과 같
은 깨달음을 원했기 때문이었다. 자기나 주변의 몇몇 사람을
구제하는 능력이 아니라, 일체 중생을 제도하는 부처님과 같
은 깨달음을 이루고자 하셨기 때문이었다.

　이렇게 스님은 깨달음 뒤에 생겨나는 기쁨의 바람을 잠재
우고, 그 후 5년동안 도솔암에 머무르며 참선정진에만 몰두
하셨다. 이때 스님은 다음과 같은 옛스님의 게송을 즐겨 외우
셨다고 한다.

　　　산은 깊고 물흐르고 각색초목 우거지고
　　　아름다운 산새들이 사면에서 노래하고
　　　적적하여 세상사람 오지않는 이곳에서

고요히 앉아 내마음을 스스로 궁구하니
내게 있는 이 마음이 부처아니고 무엇인가

스님은 이 게송처럼 자기 마음이 그대로 부처임을 궁구하며, 참으로 좋은 시절을 보내었다. 스님은 회고하셨다.

"내 평생에서 제일 좋았던 때는 도솔암 시절이야. 그때가 가장 신심있게 중노릇을 잘한 때였어. 부처님의 모든 말씀이 나 자신을 위해 있는 것처럼 느껴졌고, 모든 진리가 나에게로 다가왔지. 도솔암 시절의 6년은 내 생애의 꽃이었어."

중생 교화의 세연

어느 때나 불법과 함께

스님은 1960년에 접어들면서 6년 동안 참으로 정진을 잘 하였던 태백산 도솔암에서 나와, 문경 대승사의 묘적암에 잠시 머물다가 부산 감로사로 가서 한달 동안 무불(無佛) 스님과 함께 60권 화엄경을 강설하셨다. 그리고는 육조대사정상 탑이 있는 쌍계사로 향하였다.

그런데 4 · 19 학생운동이 터져 비구승단을 지지했던 이승만대통령이 물러나자 불교분쟁이 재연되었고, 4월 28일 150여 명의 대처승이 하동 쌍계사를 탈취하겠다며 몰려왔다. 하는 수 없이 스님은 구례 화엄사로 옮겨 갔으나, 화엄사 또한 안전지대는 아니었다. 스님은 생각했다.

'이럴 때일수록 부처님의 제자는 열심히 수행을 해야 한다. 기도로써 이 도량을 지키자. 부처님께서는 틀림없이 이곳을

정법(正法)의 땅으로 보호하실 것이다.'

　스님은 화엄사의 4사자삼층석탑에서 7일 기도를 시작하였다. 그러나 낮에는 관광객들이 많이 찾아왔으므로 밤에만 기도를 하였다. 저녁 예불이 끝나면 정성껏 달인 작설차 한 잔을 4사자석탑에 올리고 기도를 시작하여, 아침 공양 때까지 '서가모니불'을 부르며 간절히 기도하였다.

　그때 스님은 살구나무로 만든 목탁을 치면서 '서가모니불'을 불렀는데, 그 목탁소리가 멀리 구례읍 가까이의 마산면까지 울려퍼졌다고 한다. 마침내 기도 회향일인 7일째 새벽, 일타스님은 '서가모니불'을 부르며 무아지경에 빠져들었다. 그리고 조금 지나자 지장암 노스님과 젊은 스님들이 올라와 절을 하는 것이었다.

　"스님, 정말 거룩하십니다. 스님의 기도에 부처님께서 감응하셨음인지 큰 방광이 있었습니다. 그 빛이 이쪽에서 솟아 멀리 천은사 쪽으로 높이높이 뻗어갔습니다."

　그러나 스님은 기도에 몰두하고 있었기 때문에 방광을 거의 느끼지 못하고 있었다. 다만 제트기의 꼬리에서 뿜어져 나오는 연기같은 것이 탑 위에서 천은사 쪽으로 뻗어가는 것을 느꼈을 뿐이었다. 그런데 아침이 되자, 화엄사 밑의 마을사람들이 몰려와 절을 하며 이야기하였다.

　"스님, 오늘 새벽에 탑 주위에서 하늘로 치솟는 방광이 한 시간 이상 계속되었습니다. 이러한 이적이 어찌 그냥 생겨난 것이겠습니까? 저희들은 오직 스님의 도력으로 여기고 있습니다. 스님, 부디 이 화엄사에 오래 머물러 계십시오. 옳은 스님만 계시면 화엄사는 틀림없이 자리가 잡힙니다. 저희들도 스님을 모시고 열심히 이 절을 지키겠습니다."

이렇게 하여 화엄사는 대처승과의 싸움이 없는 조용한 절로 바뀌었고, 스님은 화엄사 선방에서 여름 안거에 들어갔다. 그때 화엄사 선원의 조실은 전강(田岡) 큰스님이셨다. 어느 날 전강큰스님은 스님과 함께 산책을 하다가 갑자기 질문을 던졌다.

말을 하여도 삼십 방이요 말을 하지 않아도 삼십 방[道得三十棒 不道得三十棒]이라 하였으니, 일타수좌는 어떻게 하겠느냐?

알음알이로 따지면 답을 못할 것도 없겠지만, 실지의 행으로 말한다면 저는 모릅니다[解則不無 行則不識].

모른다고 하는 그것이 가장 친절한 법이다. 다시 무엇을 들어 말할 수 있겠느냐? 훌륭하도다. 본분납자여. 부처님의 혜명(慧命)을 이을 것이니라[不知最親切 如何話喻齊 善哉本分子 續佛如來命].

전강큰스님은 칭찬을 아주 근사하게 해주셨다. 이번에는 일타스님이 여쭈었다.

잠이 완전히 푹 들었을 때 일각(一覺)의 주인공은 어느 곳에서

안심입명을 합니까?〔正睡着時 一覺主人公 在甚麼處 安心立命〕

　잠이 완전히 푹 들었을 때 안심입명은 또 무엇인가?〔正睡着時 甚麼安心立命〕

　잠이 푹 들었을 때라고 하여 어찌 안심입명이 없겠습니까?〔正睡着時 何無安心立命〕

　그러자 전강스님이 말씀하셨다.

　차나 한잔 마시고 가게〔喫茶去〕.

　이렇게 전강큰스님과 자주 선문답(禪問答)을 나누며 여름 한 철을 보낸 다음, 일타스님은 해인사 퇴설당선원으로 자리를 옮겨 지월스님·서옹스님 등을 모시고 2년 가량 정진하였다.

　그런데 1962년 4월, 한창 정진을 하고 있는 중인데 조계종에서 정화대책 중앙비상종회의원으로 발탁하더니 율장(律藏) 부문을 담당하게 하였다. 그리고 그해 8월, 조계종 초대 중앙종회의원으로 임명하더니, 교육위원·법규위원·감찰위원·역경위원을 비롯하여 《우리말 팔만대장경》 편찬위원에 이르기까지 수많은 직책을 맡기는 것이었다.

　태백산 도솔암에 들어가기 전과는 경지가 달랐던 일타스님이었기에, 스님은 종단에서 주는 직책을 마다할 수가 없어 열심히 맡은 바 일을 행하였다. 대한불교조계종의 종헌·종법을 새로 만들고, 관청에 드나들기도 마다하지 않았다. 그리고 조계사 법당에서 법문을 하다보니, 전국의 여러 사찰에서 법

문을 청하는 일들이 너무나 많았다. 마침내 30대에 '유명대
법사'가 되어버린 것이다.

그러나 스님의 뜻은 언제나 참선수행에 있었으므로, 1964
년에 들어 종단이 차츰 안정을 찾아가자 다시 선방으로 들어
갔다. 출가 초기에 존경하며 따랐던 통도사 극락암의 경봉큰
스님 회상으로 가서 하안거와 동안거를 마친 것이다. 그때 경
봉스님은 한 수의 시를 지어 일타스님에게 주셨다.

> 날마다 도의 빛을 발하여 참됨 또한 초월했네
> 아미타불 동산에서의 봄인들 아랑곳하랴
> 청정범행은 매죽이나 금옥에나 비교할까
> 도처에 향기를 떨쳐 세상을 새롭게하네
> 日日道光亦超眞　彌陀苑裏不關春
> 行如梅竹如金玉　到處香聲振世新

1965년, 스님은 나이 37세부터 완전히 해인사에 자리를 잡
으셨다. 그리고 1972년(44세) 때까지 동안거 철이 되면 퇴설
당선원에서 정진하시고, 해제 때에는 해인사 관음전에 머무
셨던 것이다. 이 글을 쓰는 내가 큰스님을 처음 친견한 것도
1969년 여름이었다.

또한 이 기간 동안 스님은 전국의 여러 사찰에서 법문을 하
셨다. 매년 한 차례씩 정기적으로 법문을 한 절만하여도 부산

소림사와 보덕사가 7일씩, 송광사·범어사·통도사의 보살계살림 때 3일씩, 그리고 몸을 담고 있는 해인사에서는 행사가 있을 때마다 법문을 해야만 했다.

그러나 유명법사보다는 수행정진에 뜻을 두었던 스님으로서는 즐거운 일만이 아니었다. 더욱이 1971년에는 해인사의 대중들이 스님을 주지로 선출하였다. 스님은 성철방장스님을 찾아가 말씀드렸다.

"스님께서는 언제나 '공부를 위해 중노릇을 해야지, 사람노릇을 위해 중노릇을 하면 안 된다'고 하셨습니다. 어떻게 저같은 이가 사람 노릇인 주지직을 잘 맡아 행할 수 있겠습니까? 저는 달아날 주(走)자, 갈 지 (之)자 주지를 할랍니다."

그리고는 껄껄 웃으시는 성철스님을 뒤로 하고 맨몸으로 해인사를 빠져나와 잠적하셨다. 이튿날 성철큰스님은 일타스님의 상좌인 혜국(慧國) 수좌를 불러 말씀하셨다.

"느그 스님 도망갔다. 해인사 주지 안할라꼬 줄행랑했다 말이다. 갈아 입을 옷이나 챙겨다 드려라."

혜국수좌는 옷가지를 챙겨 스님을 찾아 나섰고, 사방을 수소문하여 도봉산 토굴에서 스님을 뵈올 수가 있었다. 그때 일타스님은 제자 혜국에게 말씀하셨다.

"내가 오대산에서 연비를 할 때의 심정은 '한 세상 안 태어난 셈치고 이 한 목숨 부처님께 바친다'는 것이었다. 그래서 나름대로 공부를 잘 할 수 있었던 거야. 그런데 한창 공부할 40대 초반에 큰스님이니 주지니 하는 이름이 붙기 시작하면, 더이상 공부하기가 어려워져 버린다. 부디 헛이름 나기 전에 부지런히 공부해야 해."

40대 초반의 젊은 나이로 대본사 해인사 주지를 맡는다는 것을 큰 영광으로 여기는 이들은 매우 많다. 그러나 일타스님은 달랐다. 헛된 이름보다 공부에만 관심이 있었기 때문이었다. 결국 스님은 후임 해인사 주지가 결정된 다음에야 해인사로 돌아갔고, 그때부터 자주 외국으로 떠나셨다. 유명세에 따른 번거로움을 피해 외국의 성지에서 조용히 정진하고자 한 것이다.

해외성지순례

스님은 1972년부터 1974년까지 동남아시아와 유럽의 20여 개 국가를 순례하였다. 하지만 스님의 원래 목적지는 부처님께서 활동하셨던 인도였다. 평소 스님은 생각하셨다.

'인도는 더운 나라다. 가사 세 벌이면 더 이상의 옷은 필요 없을 것이다. 거리고 다리 밑이고 그냥 누워자면 될 것이고, 흔한 것이 나무에 매달린 과일일 터이니, 먹고 사는 일이 무슨 문제가 되랴. 아는 사람이 없으니 번거로운 인연이 뚝 끊어질 것이요, 언어 소통이 쉽지 않아 저절로 묵언이 이루어지니 오죽 좋으랴. 그곳에서 부처님께서 앉아계셨던 자리, 누워 계셨던 자리에 나도 앉아보고 누워도 보리라. 부처님께서 걸어가신 길을 나도 발이 부르트도록 걸어보리라. 그곳에서 그렇게 공부하다 죽은 들 무슨 여한이 있겠는가.'

1972년 10월, 스님은 먼저 비교적 비자를 받기가 수월했던 태국으로 향하였다. 스님은 태국이 철저한 '계율의 나라' 요, 사찰은 그야말로 수행처로만 이용되며, 위빠사나 명상법과 참선의 차이점을 명백하게 이해할 수 있었다.

그리고 방콕 시내의 세계불교도 사무실로 가서 세계불교 분포지도에 한국이 '과거에 불교가 있던 나라' 로 표시된 것을 보고 한국불교의 현황을 이야기하며 지도를 증정토록 한 일도 있었고, 태국 승려들에게 한국 불교를 알리는 민간 외교관 노릇도 하였다.

그렇게 태국에서 5개월을 보낸 스님은 1973년 2월에 미얀마로 향하였다. 이곳에서 스님은 부처님의 머리카락 8개를 모신 황금색의 쉐다곤대탑을 참배하고, 깊은 선정에 잠겨 있는 듯한 천불만탑의 만달레이와 바칸의 아난다사원을 순례하였다.

또한 미얀마 스님들을 보면서 '청정과 수행으로 가난과 어려움을 극복하는 상근기의 나라' 라는 인상을 지울 수가 없었고, 인간은 말 이전에 행동으로 알고 눈빛으로 알고 마음으로 통한다는 것을 체험할 수 있었다.

겨우 7일에 불과한 미얀마의 일정이었지만, 스님은 가는 곳마다 인정과 훈훈함을 느꼈으며, 많은 스님들과 진한 석별의

정을 나누며 네팔행 비행기를 타야만했다.

네팔에서 스님은 한달을 머물며 비행기로 히말라야 산들을 구경하고, 불교사원과 힌두교사원들을 둘러보았으며, 아름다운 포칼라호수에서 황금산, 떠오르는 태양빛을 받아 황금색으로 변한 히말라야 산을 보았다. 그리고 부처님의 탄생지인 룸비니동산으로 발길을 옮겼다.

룸비니! 그 고요한 탄생의 땅 룸비니에서 부처님의 체취에 젖어 한동안 일어날 줄 몰랐던 스님…. 그렇게 스님은 네팔 순례를 마치며 염원하였다.

'네팔 불교여, 소생하라.'

네팔에서 인도로 들어간 스님이 가장 먼저 찾은 곳은 열반의 땅인 쿠시나가르였고, 그곳에서도 다비장을 먼저 찾았다. 사리탑을 돌며 절을 올리던 스님은 석양이 사리탑에 걸려 장관을 이루는 모습을 보고 한 수의 시를 지었다.

사라쌍수 변백(變白)하고 불변열반 하시었네
제행무상 종소리는 승가탑에 울리도다
범소유상 개시허망 인간천상 깨우치니
무상보리 이루는법 여기에서 마치셨네
상주불멸 상주법계 청정안락 열반의길
일진법계 진실도를 인과교철 시현일세

쿠시나가르를 떠난 스님은 죽음의 강이면서도 썩지 않는다는 바라나시의 갠지스강과 부처님의 최초 설법지인 녹야원을 순례하였다. 스님은 녹야원에다 절을 짓고, '부처님 당시의 수행자처럼 살고 싶다'는 생각을 하였다.

그리고 아그라의 타지마할 궁전과 신기루 같은 인도의 수도 델리를 둘러본 다음, 부처님께서 가장 오랫동안 설법하셨다는 기원정사와 성도지 부다가야를 찾았다. 보리수 아래에 있는 금강보좌. 그 자리를 보니 마음이 뭉클해졌다.

'아아, 여기가 여래께서 삼천대천 세계의 일체 중생을 위해 만고의 광명을 나투신 곳인가!'

한 철쯤 그곳에서 안거정진 하였으면 하는 바람을 접고 스님은 부처님께서 6년 동안 고행했던 정각산과 성불 직전에 목욕을 하였다는 니련선하, 최초의 공양을 받은 수다타의 집터에 지은 절을 참배하였다.

그 다음에 찾은 곳은 부처님께서 법화경을 설하였다는 영축산. 특히 한평생 동안 '세존께서 꽃을 드신 까닭〔世尊拈花〕'을 화두로 삼았던 스님이었기에, 부처님께서 꽃을 들어보이신 이 영축산이 매우 감동스럽게 다가왔다.

영축산에서 내려오는 길에 부처님께서 석달 동안 묵언한 것으로 유명한 최초의 불교사원 죽림정사를 둘러보고, 최초의 결집장소인 칠엽굴도 찾았다. 그리고 세계 최대의 규모였다는 나란타불교대학의 폐허가 된 모습도 보았다.

이렇게 부처님의 성지를 순례하고 캘커타에 이르렀을 때 스님은 몹시 지쳐있었고, 몸무게는 53㎏에 불과하였다. 절대로 호텔에 머물지 않고 절이나 역, 또는 지하실에서 잔다는 원칙을 지켰기 때문이었다.

그러나 스님은 순례를 멈추지 않았다. 다시 최초의 불탑이라는 산치대탑을 찾았고, 아잔타와 엘로라석굴에서 한 사람이 몇 생을 환생하며 조각하였다는 불상과 불탑에 예배를 드렸다.

그리고 뭄바이를 구경하고, 마드라스를 거쳐 용수보살의 성지인 나가르쥬나콘다를 찾아갔다. 그러나 297개의 크고 작은 사원으로 구성되어 있다는 나가르쥬나콘다는 인도 최대의 인공호수 밑에 가라 앉아 있었다.

붉은 해가 거대한 호수에 비쳐 아름답기 그지 없는 주변의 경치에 넋을 빼앗겼다가, 군투로마와 아마라와티대탑을 순례한 다음 스님은 스리랑카로 향하였다.

스리랑카에서 스님은 마힌다왕자가 부다가야에서 옮겨 심었다는 아들 보리수와 마하위하라사원·아우가나입불상·불치사·불족산 등 수십 군데의 성지를 15일 동안 순례하며 많은 감명을 받았다. 그러나 그 어떤 성지보다도 스님에게 부러움을 느끼게 하였던 것은 공부하는 승려들의 모습이었다.

승려가 진정 승려다운 스리랑카, 경전을 공부하기에 가장

210

좋은 스리랑카, 인도에서 불교를 받아들여 더 불교가 성한 스리랑카야말로 선택받은 나라로 느껴졌던 것이다.

동남아 불교순례에서 스님이 마지막으로 택한 곳은 인도네시아의 '보로부드르대탑'이었다. 스님은 극도의 피곤에 지쳐 있었지만, 이 대탑 위에 섰을 때 피곤은 일시에 사라지고 환희심과 불심만 가득하였다고 한다. 사각의 1면 길이가 124m, 높이 42m에 524존의 불상을 요소요소에 모셔놓은 이 대탑을 둘러보며, 스님은 모든 부처님의 마을이요 화엄(華嚴)의 대탑임을 깊이 실감하였다.

'아! 나는 복도 많다. 부처님의 제자가 된 것만도 감사한데, 이토록 환희로운 성지순례까지 할 수 있었다니…'

동남아 성지순례를 끝내고 한국으로 돌아오는 스님의 마음은 부처님을 향한 감사함으로 충만되어 있었다.

교화의 세연

만 2년 동안 동남아시아 10여 개국과 유럽 10여 개국을 순례하면서, '겉모습이나 언어·문자를 떠난 마음이야말로 세계 어디에서나 통한다'는 것을 깊이 느끼고 1974년에 귀국한 스님은 곧바로 태백산 도솔암으로 향하였다. 20대 후반의 6년 결사 때처럼, 5년이고 10년이고 정진을 하기 위함이셨다.

왜 스님은 만사를 쉬고 정진하고자 하셨을까? 그 답은 '세

속 공부보다 불법 공부를 열심히 하고 싶다' 는 나의 편지를
받고 스님께서 보내주신 답장에 잘 나타나 있다.

　　답. 불자 현준(鉉埈)에게

　　공든 글씨, 간정 어린 편지.

　　해인사를 들러 멀리 이곳 태백산 깊은 곳까지 당도하였네. 또하
나의 연륜이 지난 이때, 부모님 잘 모시고 공부에 열중하겠지?

　　숙세에 불법 선근이 깊은 사람인지라 '돈'에만 끌려 사는 인간
세상에서도 '도'를 닦지 않을 수 없으리니, 참선하고 경을 읽고 기
도 주력하는 것이 바로 이것이리라.

　　나는 세계 여행 끝에 느낀 바 있어 이런 심심산곡으로 들어왔다
네. 세계 속의 백천 모든 중생들이 언어보다 미소로 먼저 통하고,
그보다 더 중한 건 언어 이전의 무언설법(無言說法)을 강력히 요구
하고 있음을 똑똑히 보고 절실히 느꼈다네. 나의 정신에너지가 원
자탄만 같다면 무량중생계에 이익을 주련만, 그렇지 못함에 다듬
어야 하겠다.

　　　且待 明春三月好時節에

　　　鷓鴣啼處百花香

　　　기대하노라 돌아오는 춘삼월 좋은 시절에

　　　자고새 우는 곳의 백화 향기를

　　Then, see you again. so long.

　　　　　　　　　경북 봉화군 태백산 도솔암에서 日陀

이 편지의 글처럼, 스님은 정진하고 또 정진하여 언어 이전의 무언설법으로 모든 중생을 감화시킬 수 있는 정신에너지, 총이나 대포 정도의 교화력이 아니라 그야말로 원자탄과 같은 힘을 얻고자 하셨다. 부처님과 같이, 수천년 수만년이 흘러도 법의 등불이 끊임없이 이어지는 완전한 깨달음을 이루고자 하셨던 것이다.

15년만에 다시 찾은 도솔암. 한동안 스님은 만사를 쉬고 정진을 할 수 있었다. 그런데 몇 달이 지나자 상황이 바뀌었다. 승려들과 신도들이 찾아오기 시작한 것이다. 한칸 토굴의 도솔암은 예전과 다를 바 없이 한적하기 그지 없었지만, 일타스님은 이미 예전의 일타수좌가 아니었다. 대법사이신 스님의 가르침을 받겠다며 사흘이 멀다 않고 사람들이 찾아들었다. 그것도 며칠이 걸려야만 찾아갈 수 있는 태백산 심심산골을….

스님은 정진에 방해가 된다는 것을 알면서도 그들을 물리치지 않으셨다. 오히려 시간에 구애됨이 없이 많은 질문에 답해주셨고, 참선과 기도에 대한 법문으로 모두를 환희발심하게 하셨다.

그런데 1976년으로 들어서면서 도솔암을 떠날 결정적인 사고가 발생하고 말았다. 도솔암 한쪽 옆에 토굴을 지어놓고, 추운 겨울날 큰 화로에 덜 마른 숯불을 피워 놓고 정진하던 상좌 2명이 일산화탄소에 중독이 된 것이다. 스님이 발견하였을 때 한 명은 이미 죽어 있었고, 한 명은 완전히 혼수상태에 빠져있었다.

겨우 목숨만 붙어 있는 그 상좌를 수십 리 밖의 병원까지 업고 내려가 살리기는 하였지만, 스님은 도솔암을 떠날 때가 되었음을 느꼈고, 때마침 해인사에서 연락이 왔다. '지족암이 비었으니 오시라' 는 것이었다. 1976년 봄, 48세 때의 일이다. 스님은 그때부터 열반에 드실 때까지의 23년 동안, 중심 거처를 지족암으로 삼았다.

지족암(知足庵). 가파른 절벽 아래 2칸 짜리 방과 부엌 1칸이 전부였던 지족암. 스님은 암자의 이름 그대로, 스스로에 대해 만족할 줄 알며 살았다. 만족하며 살았기에 부족한 것이 없었다. 오히려 불편을 느낀 것은 스님을 친견하러 오는 사람들이었고, 그들이 힘을 모아 지족암에 법당을 건립하고 선방과 요사채를 지어 오늘날과 같은 번듯한 암자로 바꾸어 놓은 것이다.

또한 1976년에 해인총림(海印叢林)에서 율원(律院)을 만들어 스님을 초대 율주(律主)로 추대하자, 스님은 《사미율의》·《수계의범》·《불교와 계율》 등 계율과 관련된 여러 책을 발간하여 후학들을 양성하였으며, 일제강점기 때부터 무너졌던 이 땅의 계율을 정립하는 데 많은 힘을 쏟으셨다.

그렇게 4년을 지족암과 율원에서 후학 지도와 불자 교육에 힘을 쏟으셨던 스님은 1980년 미국으로 들어가셨다. 현호스님이 미국 로스앤젤레스에 고려사를 창건하면서 스님을 모신 것이다. 스님은 만 1년 동안 고려사를 비롯하여 수도사·관음사·반야사·평화사·달마사 등의 한국 사찰을 순회하며, 법문을 갈구하는 동포들에게 불음(佛音)을 전하였다.

그리고 이듬해인 1981년에는 북미·남미·중미의 여러 나라를 순례하셨다. 이들 나라들 가운데 스님께 특히 인상적이었던 것은 마야·잉카 문명의 유적지였다. 스님은 말씀하셨다.

"태양신을 숭배하는 마야·잉카 문명의 유적지를 둘러보면서 아미타불의 정토를 보는 듯 하였어. 그들의 태양신은 아미타부처님의 모습과 매우 흡사하였고, 계단은 48층급으로 만들어 48원(願)이 깃든 듯 하였으며, 축대를 9층으로 쌓아 극락의 9품(品) 연화대를 옮겨 놓은 듯 하였지. 무량광(無量光)으로 번역되는 아미타불! 그 아미타불의 미간백호에서 뿜어져 나오는 빛은 태양의 빛과 같다고 하였거든. 그렇게 마야·잉카 문명과 부처님의 극락정토를 비교하며 다녔더니 참으로 볼만하더구나."

이처럼 스님은 세계 곳곳을 돌면서 불교와 연관시켜 감상을 하셨고, 돌아온 후에는 슬라이드를 보여주며 자세히 설명하시어 사람들로 하여금 새로운 눈을 뜨게 만드셨다.

그리고 1982년부터 1987년까지는 지족암에 머무시며 정진하는 한편, 1984년부터 2년 동안은 그동안 해인사에 의탁

한 빚을 갚는 마음으로 해인사 주지를 맡아 여러 가지 불사를 이루셨다.

　이렇게 스님은 40대 중반부터 50대 후반까지 인연따라 불자들에게 신심을 심어주고, 때때로 외국을 나가 새로운 세계를 접하며 지내셨던 것이다

회향 그리고 입적

말년회향

스님의 생애에 결정적으로 획을 그은 것은 난치의 병인 간경화 환자로 판명이 나고부터이다.

1984년 해인사 주지로 있을 때 종합검사를 받았더니 간염이라는 것이었다. 그러나 평생토록 몸을 아끼지 않고 정진한 스님이었으므로 그 병명에 대해 별달리 신경을 쓰지 않았다. 그런데 1987년이 되자 배에 물〔腹水〕이 차는 등, 간염이 간경화로 악화되어 병원을 다니고 입원도 하셨다.

1990년(62세), 스님이 간경화 치료의 최고 권위자로 알려진 서울대학병원의 김정룡 교수를 찾아가자 교수가 말하였다.

"아이구, 병이 생긴지가 오래 되었네요."

"예, 7~8년 되었습니다."

스님은 해인사 주지시절에 처음 간염인 것을 알았으므로

7~8년이라고 한 것이다. 그러자 교수가 말하였다.

"7~8년요? 거기에다 10년은 더 보태야 합니다."

해인사 주지 시절보다 10년을 더 보태야 한다는 말에 스님은 인도를 떠올렸다. 인도를 들어가기 전에는 74kg이었던 몸무게가 인도를 나올 때는 53kg으로 줄어있었다. 그리고 그 뒤부터 선방에 앉아 있으면 이상스럽게도 졸렸던 것이 생각난 것이다.

'아, 벌써 20년 전에 간염이 옮았다가, 3년 전부터 간경화가 된 것이구나.'

김정룡 교수는 각종 검사를 마친 다음, 약을 한아름 지어주면서 당부하였다.

"이 약을 먹고 정양을 잘 하신 다음 석달 후에 오십시오. 절대로 무리를 하시면 안 됩니다."

지족암으로 돌아와 지시대로 반쯤 누워 지내다보니 참으로 한심하기 그지 없었다.

'내가 출가하여 완전한 깨달음을 이룬 것도 아닌데, 이렇게 업병(業病)에 걸려 병원약에 의존하며 누워 살아야 하다니…. 에잇, 내 드러누워 약이나 먹고 살 것인가! 차라리 죽을 병이라면 정진을 하다가 죽으리라.'

스님은 병원에서 타온 약을 모두 버리고 지리산 칠불암으로 들어가 한 수의 시를 지었다.

약과 병을 함께 다 놓아버리고
아자방 한가운데에 앉았도다
멀리 바라보니 흰구름이 나르고
가까이 들으니 두견새가 우는구나
옛 성인의 자취를 좇아 생각하니
이 아자방에서 큰 기틀을 얻었을새
나도 여기에서 묵언정진하며
남은 해를 여여하게 보내리라

藥病俱放下　亞字房中坐
遠看白雲飛　近聞杜鵑啼
追念古聖蹟　於此得大機
我欲默無言　殘年度如如

그리고 생사를 넘어선 용맹정진을 하셨다. 과연 여름안거
가 끝나자 스님의 건강은 훨씬 좋아졌고, 그때부터 스님은 말
년의 회향(廻向)을 시작하셨다.

스님의 회향은 크게 중생회향·보리회향·내세회향의 셋
으로 구분하여 볼 수 있다. 중생회향의 방법은 저술활동이었
으며, 보리회향은 끊임없는 정진, 내세회향은 그야말로 다음
생에 대한 발원이었다. 이를 하나하나 살펴보자.

① 저술활동을 통한 중생회향(衆生廻向)

1990년, 스님께서 지리산 칠불암에서의 용맹정진을 마치고 해인사 지족암으로 돌아오셨을 때, 나는 12년만에 스님을 친견하기 위해 지족암을 찾았다. 그때 스님께서 말씀하셨다.

"내가 평생 동안 가장 많이 한 법문은 범망경보살계 법문이야. 1년에 몇 차례씩, 지난 30년 동안 백 번은 더 하였을 거야. 그 법문을 녹음해 두었다가 풀어서 원고지로 5천매 가량 써놓았는데, 현준이가 문장을 다듬고 체재를 고쳐 책으로 만들어 봄이 어떻겠느냐?"

"스님 책이라면 당연히 하여야지요."

"그럼 내가 다시 한 번 본 다음에 원고를 넘겨주도록 하지."

그리고 다시 1년이 지나 스님을 찾아뵈었을 때 스님께서는 원고를 내어주셨다. 그러나 문제는 많았다. 녹음을 그대로 푼 원고인지라 문맥이 잘 통하지 않았고, 말로 들을 때는 잘 알아들을 수 있는 내용인데도 글로 옮겨 놓았기에 쉽게 이해가 되지 않는 부분이 많았다.

"이 책이 스님의 무게 있는 첫 저술인데…."

이렇게 생각하며 그 방만한 원고를 7개월 동안 밤낮 없이 다듬어, 1992년 4월에 전5권의 《범망경보살계》를 출간하였다. 스님께서는 책을 살펴보시고 흡족해하며 말씀하셨다.

"내가 평생을 부처님 은혜 속에서 살았으니, 나도 은혜를 갚는 것이 마땅한 도리겠지. 안 그래?"

"예."

220

"부처님의 은혜를 갚는 가장 좋은 방법은 도를 깨닫는 것과 중생을 부처님의 세계로 이끌어들이는 일이야. 그래서 나는 인연이 닿는 대로 법문을 많이 하였지. 그렇지만 그것도 인연이 있는 몇몇 가까운 불자들에게 설법을 한 것이요, 많은 불자들에게 체계적이고 충분하게 가르쳐 준 것은 아니거든. 이제 병든 내가 우리 불자들에게 평생 배운 것을 일러주어 부처님의 큰 은혜를 조금이나마 갚았으면 하는데, 어떻게 하는 것이 가장 좋겠느냐?"

"많은 불자들이 법문을 널리 접하기에는 책이 가장 좋습니다. 부처님이나 신라의 원효대사 같은 분도 책을 남기지 않았다면 오늘날의 우리가 어떻게 그 훌륭한 가르침을 접할 수 있겠습니까?"

"그런데 책을 쓰기가 쉬운가? 더군다나 병까지 든 내가…. 그래, 현준이가 해 줄란가? 이 《범망경보살계》처럼."

"예, 스님께서 법문을 녹음해 주시면 제가 녹음을 풀고 문장을 다듬어 책을 내겠습니다."

스님께서는 먼저 『초발심자경문』을 상세하게 풀이하셨고, 그 결실로 《시작하는 마음》, 《영원으로 향하는 마음》, 《자기를 돌아보는 마음》의 세 책이 완성되었다. 평소에 스님께서는 늘 말씀하셨다.

"불자라면 무엇보다 먼저 윤회와 인과응보를 철저히 믿어야 한다. 그리고 신행생활을 하거나 수행을 하다가 '나의 힘

으로도 남의 힘으로도 어떻게 할 수 없게 되었을 때'는 기도
를 통하여 불보살의 가피를 입어야 하고, 평소에 마음을 잘 쓰
면서 참선정진을 꾸준히 하게 되면 틀림없이 불도를 성취할
수 있게 된다.”

이러한 스님의 평소 가르침에 준하여 《윤회와 인과응보이
야기》와 《기도》, 《생활 속의 기도법》을 계속 출간하였다. 기
도 영험담을 비롯하여 각종 기도방법을 자세히 설한 이 책들
은 불교계의 베스트셀러가 되었을 뿐 아니라, 일어판 『不安을
希望으로 바꾸어주는 佛敎의 祈禱』라는 제목으로 일본 법장관
(法藏館)에서 출판되어, 일본의 '좋은 책 10선' 중 하나로 뽑
히기까지 하였다.

또한 불자들이 사찰에서 지켜야 할 각종 예절을 설한 《불자
의 기본 예절》과 불자라면 누구나 지켜야 할 근본 5계를 깊이
있게 풀이한 《오계이야기》, 스님께서 불자들에게 평생 동안
가장 널리 설하셨던 법문들을 모은 《부드러운 말 한 마디 미
묘한 향이로다》, 그리고 불자들의 마음 씀씀이와 불교의 4대
수행법을 밝힌 마지막 법문집 《불자의 마음가짐과 수행법》을
저술하셨다.

이렇게 스님께서는 열반 이전 10년 동안 11종 15권의 책을
저술하여 불자들에게 바른 신행의 길을 제시해 주셨고, '부처
님의 은혜 갚음'이라는 명분 아래 중생회향을 참으로 잘 하셨
던 것이다. 정녕 옆에서 스님의 저술활동을 도운 나는 참으로

222

행운아였던가 보다. 스님의 법문을 이어받을 수 있는 좋은 인
연이 되었고 많은 깨달음이 있었기에…. 스님께 거듭 깊이깊
이 감사드린다.

다만 한 가지 아쉬운 것은 일평생 참선에 뜻을 두고 정진하
셨던 스님의 '참선법문집'을 발간하지 못했다는 점이다. 시
절 인연이 닿으면 스님의 선세계(禪世界)와 참선수행법을 담
은 책을 엮어 스님께서 도모하셨던 중생회향의 마지막을 장
식하였으면 한다.

② 정진을 통한 보리회향(菩提廻向)

큰 병에 걸리고 나면, 그것도 불치에 가까운 병이 찾아들면
대부분의 사람들은 병고(病苦)에 대한 공포와 죽음의 공포에
빠지거나 지푸라기라도 잡고 싶어하기 마련이다. 그러나 스
님은 달랐다. 의사나 약사들은 스님께 말하였다.

"스님, 이번에는 병의 뿌리를 뽑아야 합니다."

"저의 말을 명심하고 꼭 제 말대로 하십시오. 희망이 없지
는 않습니다."

그때마다 스님은 게송을 외웠다.

"병불능살인(病不能殺人)이요 약불능활인(藥不能活人)이
라. 병이 꼭 사람을 죽이는 것도 아니요 약이 꼭 사람을 살리
는 것도 아닙니다. 명(命)은 자기가 가지고 나오는 것이기 때
문에 명을 두고 죽는 법은 없습니다. 평생토록 꼬랑꼬랑해도

80세 90세까지 사는 사람이 있고, 아주 건강해도 일찍 죽는 사람도 있지 않아요? 내 나이 이제 60을 넘겼으니 지금 죽어도 요절했다는 소리는 안 들을테고, 병든 몸이지만 조심하고 잘 보관하여 7~8년을 더 살고 70 정도에 죽으면 되는 거지, 꼭 80이나 90까지 살아야 잘 사는 겁니까? 나는 지금의 병을 꼭 완치해야 되겠다는 생각도 없고, 걱정도 하지 않습니다. 그냥 사는 대로 살면 되는 거지요."

다만 한 가지, 스님은 병중에서 한결같이 한 생각만 하셨다.

"일념무생법인(一念無生法忍)을 얻었다면 생사를 걱정할 것이 무엇이겠는가. 하지만 나는 무생법인을 얻지 못하였다. 어려서 출가하여 70이 다 되도록 중노릇을 하였는데, 왜 나는 석가부처님처럼 되지 못하였는가? 한창 젊었을 때는 꼭 석가부처님처럼 되겠다는 생각으로 용맹정진하였는데, 그뒤 시적부적 이렁저렁 하다보니 세월이 이렇게 가버렸구나. 남은 시간이나마 일념무생을 위해 노력하다가 돌아가야겠다."

이렇게 일관된 한 생각을 품고 계셨던 스님이었기에, 스님의 일거수 일투족은 언제나 화두(話頭)와 함께 하셨다. 가끔씩 찾아뵈올 때마다 앉고 서고 움직이는 속에서도 화두와 함께 계셨고, 1996년 일어판 《기도》 책을 내기 위해 일본으로 갔을 때에도, 스님은 밥을 먹거나 말을 하거나 오로지 화두삼매에 들어 있었다.

"스님, 지금 화두를 잡고 계십니까?"

"응? 응."

입적하시기 2년 전, 추워지는 가을이 되면 머무셨던 하와이에서도 알라모아나공원에서 하루 종일 좌선을 하거나, 해변의 모래와 물결이 닿는 지점을 거닐며 한걸음 한걸음에 화두 한 번씩을 챙기셨다.

뿐만이 아니다. 깊은 병환 때문에 수술을 받기 위해 수술실로 들어가실 때에도 스님은 오로지 화두삼매에 드셨다. 보통 사람이면 한 번도 극복하기 어려운 대수술을 여덟 번이나 받고도 다시 회복될 수 있었던 것은, 화두삼매에 든 스님을 저승사자가 찾을 수 없어 그냥 갔기 때문이라고 나는 생각한다. 그리고 대수술을 통하여 죽음의 문턱을 여덟 차례나 넘나든 것은 스님께서 여덟 생(生) 동안 받아야 할 죽음의 업보를 한 생 동안에 모두 받았다고 나는 생각한다.

하지만 이것은 단순한 나의 생각만이 아니다. 실제로 우리 불가에는 이와 같은 일이 많았다. 한 예를 들면, 고려 초기의 고승인 대각국사(大覺國師) 의천(義天) 스님의 전생도 그러하였다.

❀

중국 항주(杭州)의 경호(鏡湖) 옆에 있는 절에서, 한 스님이 목어를 두드리며 열심히 염불정진하였다. 그런데 이상한 일이 일어났다. 입적하기 3년 전에 그 스님은 앉은뱅이가 되었고, 2년 전에는 장님이 되었으며, 1년 전에는 귀머거리, 마침내는 벼락을 맞고 세상을 하직하였다.

불심이 깊고 염불정진을 열심히 하셨던 스님이 너무나 큰 액운을 맞다가 허무하게 죽는 것을 본 상좌는 부처님의 영험 없음을 탓하며 은사의 왼쪽 손바닥에 '불무령(佛無靈)'이라는 글씨를 새겼다.

그런데 이듬해에 문종의 넷째 왕자로 태어난 의천은 왼손을 꼭 움켜쥔 채 계속 울기만 하였고, 고심을 하던 왕실에서 그 까닭을 좇다가 염불승이 의천스님의 전신임을 밝혀내었다. 그리고 마침내 편 아기의 손바닥에는 '불무령'이라는 글씨가 새겨져 있었고….

진정 그 스님이 한 생은 앉은뱅이, 한 생은 장님, 한 생은 귀머거리, 그리고 네 번째 생에서 벼락을 맞고 죽었다면 언제 대각국사와 같은 큰스님이 될 수 있었을까? 꾸준한 염불정진이 네 번 생(生)의 업을 불과 3년으로 단축시켜 자유의 몸을 만들어준 것이다.

평생을 정진으로 일관하셨고 청정계행에다 많은 이들을 자비로써 교화하셨던 일타스님의 삶, 그리고 스님의 보리회향! 정녕 죽음을 눈앞에 두고도 멈추지 않았던 일타스님의 정진이야말로 참된 보리회향이 아니고 무엇이겠는가. 내생에 스님은 틀림없이 부처님과 같은 깨달음(보리)을 이루어, 원자탄과 같은 교화력으로 뭇 중생들을 깨우치리라.

③ 내세에 대한 회향

입적하시기 약 5년 전, 스님께서는 가끔씩 '다음 생에 어디에서 태어나면 좋을까'를 말씀하셨다. 그 당시, 스님께서 내게 들려주셨던 이야기를 그대로 옮겨본다.

"금생에 완전히 대오(大悟)를 못하여 생사에 자유자재하지 못한 이들은, 원력(願力)으로 내생을 기약함이 옳다. 나 또한 원력을 잘 세워 내생에 태어날 곳과 삶의 모습을 정하고, 대해탈을 이루어 중생을 제도함이 마땅하지 않겠느냐.

그런데 어디에 태어날 것인가를 아직 정하지 못하였어. 제주도에 가서 태어날까? 강원도에 가서 태어날까? 경상도에 태어날까? 전라도에 가서 태어날까? 서울 근방에 태어날까? 시골에 태어날까? 한국을 떠나 외국 땅에서 태어날까? 아직 결정을 못하였어.

사실 원력만 잘 세우면 원하는 곳에 태어날 수가 있지. 외국이라 하여 결코 먼 곳도 아니고 이 땅에 살던 사람이 못 살 곳도 아니야.

《보현십원가》라는 향가를 지은 고려 초기의 균여대사(均如大師)가 돌아가실 때, 김해 나룻터에 이목구비가 뚜렷하고 얼굴빛이 조금 검은 한 스님이 지팡이를 짚고 나타나 해변가를 왔다 갔다 하는 것이었어. 김해 목사가 그 소식을 듣고 스님 앞에 나아가 물었지.

'어디 계시는 대사님이십니까?'

'나는 과거세의 비바시불 당시에 맺은 인연으로 잠시 이 땅에 와 있었다오. 이제 이곳과 인연이 다하여 저 바다 건너로 가고자 합니다.'

그리고는 지팡이로 바다 건너 일본 쪽을 가리켰고, 김해 목사가 지팡이 끝이 가리키는 곳을 보고 다시 스님쪽을 향하자 간 곳이 없더라는 거야. 김해 목사는 나라에 장계를 올렸는데, 스님이 사라진 그 시각이 바로 균여대사께서 입적하신 때라는 거라. 그리고 균여대사가 일본에서 태어나 화엄종주(華嚴宗主)가 되었다는 이야기가 《조선불교통사》에 기록되어 있거든. 이처럼 외국에 태어나는 것이 어려운 것이 아니거든.

내가 아프리카를 제외한 세계 여러 나라를 많이 다녀본 결과로는, 부처님처럼 아주 거룩하고 잘 생긴 모습으로 태어나는 것이 좋겠다는 생각이 들더라고. 인물이 고상하여 누가 보아도 만만치 않게 보이고 존경심이 우러나는 외모를 갖춘 데다가 큰 도를 갖춘 인물이 되어야 하겠다 그 말이야.

일본은 경제대국이요 불교가 성한 나라여서 괜찮겠다 싶은데 외모가 그렇고, 중국의 불교는 새로 부흥을 하고 있지만 공산국가라 언제 다시 억압을 할 지 모르고, 세계 최강국인 미국이 좋기는 하겠으나 불교가 약해서 공부하기가 용이하지 못해. 조금 더 생각해보고 정해야겠어."

보통 사람들은 내생을 생각하지 않는다. 더욱이 내생에 원력으로 태어날 생각을 하지 않는다. 어디서 태어나 어떻게 살 것인가를 생각하지 않는다. 하지만 원력이 없으면 업따라 흘러다닐 뿐이요, 업따라 흘러다니는데 어떻게 중심을 잡고 살며 어느 세월에 도를 깨달을 것인가?

내생에 '어떻게 살 것인가'에 대한 원을 너무나 확고하게 가지고 있었던 스님은 한동안 '어디에 태어날 것인가'에 대해 점검을 하셨다. 그리고 입적하시기 3년 전에 마음을 굳히시고 말씀하셨다.

"다음 생에는 지구상의 최강국인 미국에서 태어나 거룩한 상호를 갖추고, 학업을 마치면 한국으로 와서 출가하리라. 그래서 젊은 나이에 부처님과 같은 대도(大道)를 이루어 일체 중생을 제도하고, 이 땅의 불교를 세계에 펼치리라."

그리고 지족암에서 15년 동안 한결같이 스님을 시봉한 상좌 혜관(慧觀)에게 말씀하셨다.

"나는 이제부터 미국으로 자주 갈란다. 미국에 가서 수행하다가 이 육신을 벗고 미국 사람으로 태어나서 학문을 익히다가 스무살이 되면 해인사로 올 것이다. 혜관아, 너는 그때까지 지족암에서 기다렸다가, 큰 절에 스무살짜리 코쟁이가 왔다는 소식이 들리면 얼른 내려와 자세히 보고, 아는 체 하면 귀를 붙잡고 올라와 머리를 깎여라."

이렇게 내생에 대한 원력을 철저히 세웠던 일타큰스님! 지금쯤 스님께서는 미국땅에 환생하셨으리라. 그리고 우리는 결코 멀지만은 않은 20년 후, 스님을 다시 친견하게 되리라.

큰스님의 입적

1996년(68세), 스님의 몸은 이 세상을 떠날 때를 알았음인지 생사리(生舍利)가 나오기 시작했다.

생사리는 돌아가신 다음이 아닌, 살아있는 몸에서 나오는 사리이다. 역사적으로 볼 때 해인사 활해스님을 비롯한 몇몇 분의 고승들에게서 생사리가 많이 나왔고, 약 1백년 전 강원도 건봉사에서 만일염불도량에 참여했던 스님과 재가불자들에게서 수십 개의 생사리가 나오는 이적이 있었다. 그리고 근대에는 백용성 스님께서 치아 사이로부터 조그마한 돌이 나와 방 밖으로 던져 버렸는데, 그것이 한밤중에 방광을 하여 상좌들이 훗날 봉안한 부도탑이 해인사 용탑선원 옆에 있다. 그리고는 약 50년 동안 생사리 출현에 대한 소식이 없었다.

그런데 참으로 묘하게도 연비를 한 스님의 오른손에서 한 달에 한두 과(顆) 또는 세 과씩 생사리가 나왔고, 입적하실 때에는 그 사리가 1백 과를 넘어섰다. 또한 그 사리 중의 일부는 저절로 자라나거나[增長], 분신(分身)을 하여 여러 개로 나누어지기도 하였다.

참으로 세상이 놀랄 만한 뉴스였지만, 일 만드는 것을 좋아하지 않았던 스님이셨고 '사리를 대단하게 볼 필요가 없다'고 하셨던 스님이셨기에, 사리가 나오면 그냥 방치하거나 인연 있는 이들에게 스스럼없이 주셨다.

그리고 1996년 초가을, 스님은 국내의 모든 것을 정리하셨다. 상좌들을 위해 맡았던 은해사 주지직을 상좌 법타스님에게 물려주셨고, 1993년에 추대되어 모든 승려들에게 부처님께서 제정하신 계를 주는 '대한불교조계종 전국 구족계 단일계단 전계대화상'의 직위를 사임하신 다음, 내세에 태어나기로 원력을 세운 미국으로 떠난 것이다.

스님은 처음 3달 동안 상좌 도범스님이 있는 보스턴의 문수사에 계시다가, 겨울로 접어들자 하와이로 거처를 옮겼다. 그리고 봄이 되자 귀국하여 지족암에 계시다가 가을바람이 불자 다시 하와이로 가셨다. 그곳에서 스님은 부처님께서 꽃을 드신 까닭을 밝히는 '세존염화(世尊拈花)'의 화두를 놓지 않고 마지막 회향을 준비하셨다.

1999년 여름, 손수 지족암 도량을 청소하시던 스님은 선반 위에서 깨어져 떨어지는 도자기를 잡다가 왼손 정맥 세 가닥이 끊어지고 말았다. 한 종합병원에서 봉합수술을 받았지만, 정맥을 온전히 잇지 않아 심한 통증과 함께 왼손 전체를 못 쓰게 되고 말았다.

뒤늦게 상좌들과 신도들이 일본의 황실병원인 자혜병원(慈惠病院)으로 모시고 가려하였다. 스님은 떠나기 전에 여러 상좌들의 절을 찾았다. 제주도의 남국선원과 약천사, 영천 은해사, 강화 보문사, 홍천토굴 등을 두루 방문하여 불사를 도우시고 화합을 당부하신 다음 일본으로 가신 것이다.

일본에서 다시 봉합수술을 받은 일타스님은 하와이로 떠나기 전에 상좌 혜인과 혜국을 불러 유서를 내미셨다.

"스님! 이게 무엇입니까?"

당황하며 묻는 질문에 스님은 천진스럽게 답하셨다.

"응, 거기 쓰인 글자 그대로 유서야. 그대로만 해줘."

그 유서에는 절대로 한국으로 운구를 하지 말고 죽은 그 땅에서 화장하되 사리도 찾지 말고 유골을 바다나 산에 뿌리라는 것과, 여러 가지 후사와 문중의 일을 혜인과 혜국에게 부촉한다는 내용 등이었다.

"스님, 이러시면 안 됩니다. 왜 이러십니까?"

"너희들이야말로 왜 그러느냐? 잘 생각해보아라. 나는 한평생 동안 시주의 은혜로 살기를 원치 않았지만 내 마음대로 안 되더구나. 이제 눈을 감은 다음이라도 내 생각대로 해 주게. 그리고 내가 이 종단에 무어 그리 큰 일을 하였다고 눈을 감고 난 다음까지 사람들을 번거롭게 할 것인가? 공연한 헛이름 때문에 장례식을 치른다고 울고불고 할 필요가 없네. 다 부질없는 짓이야."

"스님, 이럴 수는 없습니다. 저희 두 사람은 스님의 크신 원력을 이해한다 하더라도 백 여명이 넘는 문도들과 그 많은 신도들은 어떻게 합니까?"

"그것은 참으로 중요한 일이 아니야. 내 이제 이삼일 내로 하와이로 가서 조용히 떠날 생각이네. 그곳에서 평생 입은 헌 옷을 벗어버리고 새 옷으로 갈아 입을 것이야. 나의 간절한 바람은, 금생에는 말 있는 말을 가지고 포교를 하였지만, 다음 생에는 말 없는 말로 불법(佛法)을 전할 수 있었으면 하는 것이야. 언어로써 마음을 깨닫게 하기에는 한계가 있을 수밖에 없지. 형상이 없고 말의 길이 끊어진 무루(無漏)의 법이라야 '내 이름을 듣는 이는 삼악도를 면하고, 내 모습을 보는 이는 해탈을 얻는다〔聞我名者免三道 見我形者得解脫〕'는 말씀처럼 될 수 있는 거야. 결국 수행은 이해의 문제가 아니고 깨달음의 문제거든. 그러니 내가 가고자 하는 길을 막지 말아라."

그리고는 상좌 혜국에게 언제나 하고 다니던 목걸이를 풀어주시면서 말씀하셨다.

"이 목걸이를 잘 봐라. 목걸이 끝에 부처님의 사리가 모셔져 있다. 늘 부처님을 모시고 다니는 정성으로 소지해 왔는데, 이제는 인연이 다 된 것 같다. 오늘 이후로는 혜국수좌가 모시는 거다. 받도록 하여라."

말씀을 마친 스님은 제자들 모두에게 주는 게송을 써주셨다.

진실한 말로 여러 제자들에게 전별을 전하노라
파도가 심하면 달이 나타나기 어렵고
방이 그윽하면 등불이 더욱 빛나도다
그대들에게 마음 그릇 정돈하기를 원하노니
감로의 장을 기울어지게 하지 말지니라
實言告餞諸弟子等

波亂月難現　室深燈更光
勸君整心器　勿傾甘露漿

　스님은 1999년 11월 22일에 하와이로 건너가셨다. 그리고
11월 29일(음력 10월 22일), 당신께서 스스로 이름지으신 와
불산 금강굴(金剛窟)에서 혜인·성진·혜국·도범 등의 상좌
들이 지켜보는 가운데 임종게를 쓰셨다.

　　하늘의 밝은 해가 참 마음을 드러내니
　　만리의 맑은 바람 옛 거문고 타는구나
　　생사열반 이 모두가 오히려 꿈인 것을
　　높은 산과 넓은 바다 서로 침범하지 않네
　　一天白日露眞心　萬里淸風彈古琴
　　生死涅槃普是夢　山高海闊不相侵

　게송을 남긴 스님은 편안한 모습으로 열반에 드셨으니, 세
상의 나이 71세가 되시고 법랍은 58년이셨다.
　선(禪)과 교(敎)와 율(律)을 두루 통달하셨던 스님!
　언제나 자비의 미소로 불자의 마음을 즐겁고 편안하게 해
주셨던 스님!
　당당하고 걸림없는 행을 투명하고 있는 그대로 보여주셨던
스님!

　가시는 곳마다 자비의 족적(足蹟)과 깨달음의 법문을 남기
셨던 스님!

　공부를 하고자 하는 이를 보면 아픈 몸을 일으켜서까지 자
상하게 깨우치고 또 깨우쳐 주셨던 일타큰스님!

　스님께서는 정토를 싫어해서가 아니라, 불타는 집에 살고
있는 이 화택중생(火宅衆生)들을 위하여, 틀림없이 우리 곁에
다시 오시리라 확신합니다.

　나무아미타불

　나무아미타불

　나무아미타불

동곡 일타큰스님 추모시

김현준

자비로운 법의 구름 다함이 없어
감로비로 모든 이를 제도하시고
일념으로 염화시중 화두를 잡아
공부하는 불자들을 깨우치셨네
해인삼매 이루오신 우리 큰스님
열반길도 무량한 빛 나무아미타불

청정계행 선정지혜 두루갖추사
모두에게 큰 법열을 안겨주셨네
훌륭하신 그 가르침 우리 마음에
언제나 한결같이 남아 있으니
피안에서 저희 곁에 다시 오소서
영원생명 우리 스님 나무아미타불

삶의 향기를 더해주는 일타큰스님의 법문집

부드러운 말 한마디 미묘한 향이로다   신국판 / 240쪽 / 값 7,000원
부처님의 말씀을 보다 쉽고 가깝게 대중들에게 전하셨던 일타 큰스님의
대표적인 법문집. 고된 삶 속에서 흔들리고 방황하는 모든 이들에게 맑고
주옥같은 법문으로 행복의 세계로 향하는 문을 열어주고 있습니다.

불자의 마음가짐과 수행법   신국판 / 192쪽 / 값 5,000원
불자들이 큰 행복과 대자유를 얻기 위해서는 어떠한 마음가짐으로 살아
야하며, 참선·염불·간경·주력의 불교 4대 수행법을 어떻게 닦아야 하
는가를 갖가지 비유를 들어 자상하게 설하고 있습니다.

생활 속의 기도법   4×6판 / 160쪽 / 값 4,000원
불교계 최대의 베스트셀러! 일상 생활에서 누구나 처할 수 있는 여러가지
상황에 따른 구체적인 기도방법에서부터 기도할 때 지녀야 할 마음가짐
등을 큰스님 특유의 자상한 문체로 예화(預話)를 섞어 쉽고 재미있게 엮었
습니다.

※ 큰활자본 생활 속의 기도법   신국판 / 240쪽 / 값 6,000원

기 도   신국판 / 240쪽 /값 6,000원
총 6장 52편의 다양한 기도성취 영험담으로 엮어진 이 책을 읽다보면 기
도를 통해 틀림없이 부처님의 가피를 입을 수 있음을 확신할 수 있게 되
고, 올바른 기도법과 함께 기도성취의 지름길을 알 수 있게 됩니다.

법공양문   신국판 / 288쪽 / 값 7,000원
불자라면 꼭 알아두어야 할 부처님과 역대 스님들의 감명 깊고 배움 깊은
글들을 총 45개의 법문으로 모아 엮었으며, 일타 큰스님의 자상하고 정확
한 번역으로 이해하기 쉽게 꾸몄습니다.

선수행의 길잡이   신국판 / 224쪽 / 값 7,000원
좌선의 자세와 호흡법, 그리고 참선하는 이들이 꼭 알고 지키고 닦아야할
사항들을 삽화를 첨가, 큰스님의 자상한 법문으로 이해하기 쉽게 엮었습
니다. '어떻게 해야 참선을 잘 할 수 있는지', '장애를 극복하고 뜻하는바
경지를 이룰 수 있는 방법이 무엇인지' 등 바른 참선의 길로 인도 하는 훌
륭한 지침서입니다.

불자의 기본예절
4×6판 / 160쪽 / 값 4,000원

불교 예절의 근본이 되는 마음가짐과 말씨, 걸음걸이와 앉음새, 합장법, 절하는 법, 법당에서의 예절, 법문 듣는 법 등 절집안의 생활 예절을 보다 쉽게 접할 수 있도록 하였습니다.

오계이야기
4×6판 / 160쪽 / 값 4,000원

살생·투도·사음·망어의 근본 4계에 불음주계를 합한 5계에 대한 법문집. 재미있는 일화를 들어 각 계율의 연원과 지키는 방법, 계율을 범했을 때의 과보 등을 자세히 설하였습니다. 재가불자의 필독서입니다.

시작하는 마음
신국판 / 344쪽 / 값 9,000원

누가 불교를 어렵다고만 하는가? 보조국사의 《초심》을 자상한 법문과 많은 이야기로 풀어 엮은 이 책을 펼쳐들면 누구나 쉽게 불교의 세계 속으로 몰입할 수 있게 됩니다. 《시작하는 마음》과 함께 진리를 향한 첫걸음을 옮겨보십시오.

영원으로 향하는 마음
신국판 / 290쪽 / 값 8,000원

원효대사의 《발심수행장》을 일타 큰스님 특유의 구수한 문체로 해설해 놓았습니다. 이 책은 영원한 삶의 비결과 행복하게 사는 방법을 스스로 터득하게 해줄 것입니다.

자기를 돌아보는 마음
신국판 / 288쪽 / 값 8,000원

《자경문 自警文》은 야운스님이 자기를 돌아보고 깨우쳐 가는 속에 참된 자유와 행복이 발현된다는 것을 일깨우기 위해 지은 것입니다. 비록 길지 않은 글이지만, 구구절절 게으름과 방종을 막는 따끔한 말씀으로 스스로를 비춰볼 것을 권하고 있습니다.

윤회와 인과응보 이야기
신국판 / 242쪽 / 값 6,000원

"죽음 뒤의 세상, 인간은 과연 윤회하는 존재인가? 내가 지은 업은 어떻게 전개될 것인가?" 이러한 의문의 해답을 일러주고자 총 49가지 이야기로 엮은 이 책을 읽다보면 윤회와 인과응보에 대한 해답을 얻을 수 있게 될 것입니다.

★ 법보시를 원하시는 분은 연락을 주십시오. 할인 혜택을 드립니다.★
☎ : 02) 587-6612 · 582-6612 / 팩스 : 02) 586-9078

삶의 향기를 더해주는 큰스님의 법문집

❀

마음밭을 가꾸는 불자	보성큰스님 / 신국판 / 272쪽 / 값 8,000원
연기법과 불교의 생활화	고우큰스님 / 4×6판 / 160쪽 / 값 4,000원
행복을 여는 부처님의 가르침	혜인큰스님 / 4×6판 / 160쪽 / 값 4,000원
마음부처와 함께 살아라	혜국큰스님 / 신국판 / 240쪽 / 값 7,000원
인연법과 마음공부	혜국큰스님 / 4×6판 / 160쪽 / 값 4,000원
정성 성誠이 부처입니다	우룡큰스님 / 신국판 / 240쪽 / 값 7,000원
불교신행의 주춧돌	우룡큰스님 / 신국판 / 240쪽 / 값 7,000원
불자의 살림살이	우룡큰스님 / 4X6판 / 160쪽 / 값 4,000원
불교의 수행법과 나의 체험	우룡큰스님 / 4X6판 / 160쪽 / 값 4,000원

큰스님의 감로법문　　　　　　신국판 / 224쪽 / 값 7,000원
(청소·성수·도견·보성·월운·정무·우룡·고산 스님의 법문집)

큰스님의 생활법문　　　　　　신국판 / 224쪽 / 값 7,000원
(고우·무여·설정·혜인·주경·덕민·혜국 스님의 법문집)

불자들이 꼭 읽어야 할 기초서적

❀

불교란 무엇인가	우룡큰스님 / 국변형판 / 180쪽 / 값 5,000원
불교근본교리	김현준 / 신국판 / 320쪽 / 값 8,000원
석가 우리들의 부처님	석주큰스님·김현준 / 신국판 / 304쪽 / 값 8,000원
육바라밀 수행법	김현준 / 4×6판 / 192쪽 / 값 4,000원
사찰 그 속에 깃든 의미	김현준 / 신국판 / 320쪽 / 값 9,000원

기도 및 영가천도의 지침서

❀

기도성취 백팔문답	김현준 / 신국판 / 240쪽 / 값 7,000원
광명진언 기도법	일타큰스님 · 김현준 / 신국판 / 176쪽 / 값 5,000원
생활 속의 기도법	일타큰스님 / 4×6판 / 160쪽 / 값 4,000원
기 도	일타큰스님 / 신국판 / 240쪽 / 값 6,000원
영가천도	우룡큰스님 / 4X6판 / 160쪽 / 값 4,000원
참회 · 참회기도법	김현준 / 4×6판 / 160쪽 / 값 4,000원
불자의 가족사랑과 기도법	김현준 / 4×6판 / 176쪽 / 값 4,000원
미타신앙 · 미타기도법	김현준 / 4×6판 / 160쪽 / 값 4,000원
관음신앙 · 관음기도법	김현준 / 4×6판 / 160쪽 / 값 4,000원
지장신앙 · 지장기도법	김현준 / 4×6판 / 160쪽 / 값 4,000원
지장보살본원경	김현준 / 신국판 / 208쪽 / 값 5,000원
광명진언 사경(가로쓰기)	4X6배판 / 128쪽 / 값 4,000원
광명진언 사경(세로쓰기)	4X6배판 / 128쪽 / 값 4,000원
금강경 한글사경	4X6배판 / 144쪽 / 값 5,000원
금강경 한문사경	4X6배판 / 144쪽 / 값 5,000원
지장경 사경(한글)	4X6배판 / 150쪽 / 값 5,000원

다량의 법보시를 원하시는 분은 출판사로 연락을 주십시오.
할인혜택을 드립니다. ☎ (02) 582-6612